Wolfgang Albrecht
Johannes Koller

Geheimnis der Seele

Die wahren Hintergründe von Stress und Gefühlsbelastungen. Die heutige westliche Medizin im Kontext zum Grundgedanken der Naturheilkunde.

Ziel des Buches:

- Körper, Geist und Seele als Einheit erkennen
- Die Liebe wieder ins Herz zu bringen
- Die Ursachen für Belastungen sichtbar machen
- Lösungen und Möglichkeiten speziell im Bereich der Verhaltensänderung aufzeigen, um negative Energiespiralen zu vermeiden oder ihnen zu entkommen
- Wie lerne ich mit meiner Seele wieder eins zu werden?

Gewidmet

der Seele, die jeder in sich trägt, um seine Lebenskraft und Lebensenergie in Lebensträume und Lebensziele zu verwandeln.

Um den Zeilen dieses Buches weitere Kraft zu verleihen wurde auf Verneinungen verzichtet.

Auflage 1, Januar 2017

© 2017 Wolfgang Albrecht und Johannes Koller

Lektorat, Layout, Satz: Kairon
Herausgeber: careva

ISBN 978-3-9504414-0-6
Fotos: eigen

Grundsätzlich stellen die careva Empfehlungsprogramme eine Anleitung zur Vitalisierung der körpereigenen Funktionen dar und ersetzen bei schwerwiegenden Krankheitsbildern keinesfalls den Arzt!

Alle in diesem Werk gemachten Angaben, insbesondere auch hinsichtlich Dosierungen, Ratschlägen und Empfehlungen sind sorgfältig abgewogen, dennoch kann dafür, wie auch für das völlige Fehlen von Angaben und Druckfehlern, keine Gewähr übernommen werden. Die Richtigkeit aller Angaben muss im Einzelfall vom Anwender selbst überprüft werden. Haftungen der Autoren sowie seiner Beauftragten für Personen-, Sach- oder Vermögensschäden sind ausgeschlossen.

Inhalt

Das Geheimnis der Seele

01
Anwendung

Das Buch, welches Sie nun in den Händen halten, wird Ihnen Zugang zu vermeintlichen Geheimnissen vermitteln.

Erfolg, Spaß und Lebensfreude zu erleben ist bereits unzähligen Menschen vor Ihnen gelungen und das immer auf dieselbe Art und Weise. Sie alle machten sich das schier endlose Wissen und somit die Kraft und Energie ihrer Seele zunutze. Entweder weil sie von Geburt an mit der Seele im Einklang waren, sie diese Chancen und Vorteile im Laufe ihres Lebens erkennen durften oder sie sich diese Fähigkeiten einfach aneigneten. Dieses Buch hilft Ihnen, diese geheimnisvollen Zugänge zu erkennen.

Dieses Buch mit seinen Empfehlungen wird Ihnen helfen, Ihren Seelenzugang zu finden, um somit Ihre Ängste zu überwinden und spürbar Teil des Universums zu werden.

Betrachten Sie dieses Buch als Arbeitsunterlage, streichen Sie für Sie wichtige Passagen an, kopieren Sie die für Sie eindrucksvollsten Absätze heraus und platzieren Sie diese so, dass Sie täglich von diesen angestoßen werden.

Hinten im Buch finden Sie Seiten, welche Sie zu Notizen nutzen können.

Gehen Sie in diesem Buch Schritt für Schritt vor und vermeiden Sie es, mit dem letzten Schritt zuerst zu beginnen.

Wir leben in Zeiten, in denen viele Menschen die Fähigkeit mit dem Kopf zu denken und mit dem Bauch zu entscheiden verloren haben. Das macht es schwer, indoktrinierte Verhaltensmuster und Glaubenssätze abzulegen. Die Menschen überlassen ihre Entscheidungen ihrem sogenannten EGO und wundern sich über die daraus entstehenden Folgen dieser vielen falschen Entscheidungen. Das betrifft sowohl viele Menschen in Ihrem Umfeld, als auch Unternehmen, Kommunen und sogar Regierungen.

Doch Sie werden die Magie der Seelenverbindung spüren und Ihnen wird bewusst werden, was richtig und was falsch ist.

Dieses Buch zeigt Ihnen, wie Sie die richtigen Samenkörner setzen. Wie heißt es so schön, was du säst, das wirst du ernten. Wichtig ist es, das bereits richtig gesäte Samenkorn auch weiterhin zu hegen und zu pflegen, es in seiner Entwicklung zu unterstützen. Auch dabei wird Ihnen dieses Buch helfen.

Dieses Buch ist Ihr Reiseführer durchs Leben. Wer käme schon auf die Idee, wenn er auf Reisen geht, seinen Reiseführer zu Hause zu lassen? Der Reiseführer ist eine wichtige Voraussetzung seine gesteckten Ziele zu erreichen und so wurde dieses Buch auch geschrieben.

Wie viele Menschen träumen davon, hinter das Geheimnis von Liebe, Gesundheit, Glück und Erfolg zu kommen? Viele unternehmen enorme Anstrengungen um dieses Geheimnis zu entdecken. Sie scheitern sehr oft deshalb, weil sie es an den falschen Orten suchen. Sie scheitern, weil sie meinen es suchen zu müssen. Doch es ist verschwendete Energie es zu suchen, denn jeder trägt dieses Geheimnis in sich.

Sie kennen vielleicht den Text eines Liedes von Gilbert Becaud: "... so viele Züge gehen, wer weiß wohin, doch mancher sitzt ein Leben lang im falschen drin ..."

Ja, warum haben wir manchmal das Gefühl im falschen Zug zu sitzen und in die entgegengesetzte Richtung zu fahren? Es sind die Entscheidungen, die wir ohne unsere Seele zu fragen, rein aus dem Kopf, Verstand heraus, über unser sogenanntes Ego treffen.

Unsere Seele ist allwissend. Sie verfügt über das UR-Wissen der gesamten Menschheit und des all umfassenden Universums. Wir betrachten die Seele fälschlicherweise als

Geheimnis, das sie vielen Menschen durch deren EGO-Denken verborgen bleibt. In Wahrheit handelt es sich um ein Wissen, das wir alle in uns tragen.

Dieses Buch hilft Ihnen diesen Weg zu Liebe, Gesundheit, Glück und Erfolg zu finden.

So werden Sie Ihre Entwicklung spüren, ein vitalitätsförderndes Gleichgewicht zwischen Körper, Geist und Seele und zwischen Belastung und Erholung entwickeln und ein energiereiches, seelenverbundenes Leben, mit dem göttlichen Wissen und der Kraft des Universums, führen.

In diesem Sinne wünschen wir Ihnen viel Erfolg.

Vor allem Dankbarkeit für jeden auch noch so kleinen geschafften Schritt vorwärts.

Starten Sie jetzt, finden und gehen Sie Ihren Weg, beginnen Sie ein neues Leben!

02
Autoren

Wolfgang Albrecht

Geboren 1963 in Wien, Absolvent der Fachschule für Elektrotechnik.

Präsident des IFVBESA (internationaler Fachverband für bioenergetische Systemanalyse).

Trainer, Entwickler von BESA und BESA concept, Mitbegründer von careva, Lizenzmitinhaber von BESA concept, Buchautor

Nach seiner Ausbildung war er einige Jahre als E-Techniker im Ausland tätig. Danach begann er seine unternehmerische Beratertätigkeit. Sie konzentrierte sich zunächst auf die Schwerpunkte der Unternehmensfinanzierung für Klein- und Mittelbetriebe. Im Zuge dieser Tätigkeit entwickelte er ein eigenes erfolgreiches Risikomanagementsystem für Fremdwährungen und Konzepte zum Hedging von Fremdwährungsdarlehen.

Schon sehr früh spürte er die große Leidenschaft für Sport und Gesundheit. Seine Selbstständigkeit begann er im Alter von 24 als Fitnessstudiobetreiber und Trainer. Unter anderem trainierte er die schwedische Skinationalmannschaft sowie Olympiasieger und sonstige Größen aus Sport und Business.

In Folge konzentrierte er seine Tätigkeit immer mehr auf das Verstehen von Anforderungen im Sport bzw. im Training sowie im Kontext zu den Bedürfnissen in der Sporttherapie. Es folgten Trainingskonzepte für Sportler und große Sportverbände.

Letztendlich entstand aus all den Erfahrungen und dem Know how vieler Jahre nach und nach BESA concept. Dabei kam ihm seine Ausbildung zum Elektrotechniker zugute.

Seine Beratertätigkeit konzentriert sich aktuell auch auf das Verständnis und die Interpretation von Kundenbedürfnissen, mit dem Ziel des Implementierens von BESA concept oder

Teilen daraus, je nach Kundenwünschen und Anforderung. Die unternehmensbegleitende Umsetzung gilt als Teil seiner Kernkompetenz.

Eines seiner Herzensanliegen gilt der Umsetzung des zuletzt entwickelten und über Jahre erprobten Konzeptes PANTHEON FITNESS. Dabei handelt es sich um ein Konzept, das BESA concept als direkte Umsetzung abbildet und so einen völlig neuen, innovativen und komplementärmedizinischen Zugang für die Fitnessbranche bietet.

Die Schwerpunkte seiner Arbeit liegen in der Weiterentwicklung der careva Methode bzw. von BESA concept, der Weiterentwicklung und dem Management von Pantheon, sowie der Koordination der allgemeinen Produktentwicklung bei careva.

Wolfgang Albrecht schreibt Publikationen über die Ergebnisse von BESA (der bioenergetischen Systemanalyse) in Bezug auf Trainingsmethoden und Ernährung und hält Vorträge und Seminare zu Training und Themen der bioenergetischen Systemanalyse.

Johannes Koller

Geboren 1968 in Schärding

Johannes Koller beschäftigt sich mit den Themen der Energiearbeit und der bioenergetischen Produktentwicklung.

Schon in frühester Jugend konnte er Dinge erkennen und spüren, die anderen verborgen blieben. Seit 2008 setzt er sich intensiv mit den Möglichkeiten der Geist - Aura - Chirurgie und Geistheilung auseinander. Das Spektrum seiner Beratung reicht dabei vom einzelnen Klienten, über Familien bis hin zu Unternehmen.

Die Arbeit im Rahmen seiner besonderen Fähigkeiten zeichnet sich einerseits dadurch aus, die Probleme in der Aura erkennen zu dürfen und andererseits, den Menschen durch Korrektur dieser energetischen Störungen zu helfen, wieder ihre innere Mitte, ihre Balance zu finden.

Er vertritt die Meinung, dass man nur gesund sein kann, wenn Haus oder Wohnung von Wasseradern, Erdstrahlen oder schwarzen Löchern befreit sind und nur dadurch fortwährend der biologische Lebens-, und Energiefluss ungestört sein kann.

Wenn die Chakren blockiert sind, ist auch der Fluss auf der Körperebene behindert und es fehlt an der optimalen Energieversorgung, besonders dann, wenn das frühere Leben noch durch alte Eide und Gelübde belastet wird. Steht die Aura außerhalb der Körpermitte können sogar Organe erkranken.

In der übergeordneten Ebene der Muskulatur können diese Blockaden zu Fehlstellungen von Gelenken und Wirbelsäule führen.

Johannes Koller sieht besonders die Themen Schuld, Seelenreinigung sowie das Erkennen von Ursache und Wirkung als eine der wichtigsten Ansätze in seiner Energiearbeit.

Schwerpunkte seiner Arbeit:

Einzel- und Gruppentherapie, Seminare, Produktentwicklung im Bereich der Informationstechnologie in Nahrungsergänzungsmitteln und Lebensmitteln, Erfinder, Buchautor

Das Geheimnis der Seele

03
Vorwort

Im Rahmen unserer therapeutischen Tätigkeit im careva Kompetenzzentrum dürfen wir täglich neue Erfahrungen machen. Eine unserer wichtigsten therapeutischen Eigenschaften besteht darin, unseren Klienten zuzuhören und zu verstehen, wo die Ursachen der für sie belastenden Probleme liegen. Dabei legen wir unseren Fokus darauf, etwas ganz Wichtiges zu vermitteln, nämlich den Faktor Zeit.

Wir helfen unseren Klienten Zeit zu gewinnen. Zeit, die eigentlichen Ursachen ihrer energetischen Deregulationen kennen und lösen zu lernen. Careva hilft ihnen, Zeit zu gewinnen, um die Beziehung zwischen ihrem Körper, ihrem Geist und ihrer Umwelt besser verstehen zu lernen.

Das Behandeln von Krankheiten belassen wir bei denen, die dafür ausgebildet sind.

Wir helfen dahingehend, energetische Imbalancen wieder auszugleichen.

Careva ist eine Lebensphilosophie, die das Bewusstsein gegenüber ihrem Körper, ihrem Lebensstil und ihrer Vitalität schärft.

Der Lebensstil unserer Klienten spielt dabei eine ganz entscheidende Rolle.

Stress und Ängste abzubauen, funktioniert nur über den Weg der kleinen Schritte. Dazu bedarf es manchmal bzw. immer öfter zusätzlich Spezialisten, um tief vergrabene Verhaltensmuster gemeinsam mit seinen Klienten zu erkennen und aufzulösen.

Careva ist ein bioenergetisches Kompetenzzentrum, dem viele Spezialisten aus diversen Sparten angeschlossen sind.

Einer unserer wichtigsten Partner ist Johannes Koller. Er besitzt die Kompetenz, dort bzw. dann aktiv zu werden, wenn es darum geht, Belastungen und Verhaltensmuster aus der Vergangenheit abzubauen.

Aus diesem Grunde treffe ich mich hier im Holzhaus von Johannes Koller, inmitten eines ruhigen Waldes im völligen Einklang mit der Natur. Obwohl es draußen regnet und es sich um alles andere als um einen warmen Sommertag handelt, genießen wir die Atmosphäre. Die Katzen von Johannes und seiner Frau Manuela verwandeln das Wohnzimmer in eine fast schon kitschig gemütliche Kulisse. Man spürt bei Johannes und seinem häuslichen Umfeld auch sofort, dass er ein echter Naturbursche ist.

Wir beginnen den Tag gemütlich, mit Blick über die Terrasse zum Waldrand bei einem Frühstück mit Müsli und frischem Obst. Umrahmt von den knisternden Geräuschen aus dem Holzofen verbreitet sich sehr viel positive Energie. Erst später mitten im Gespräch bemerken wir, dass wir schon mitten im Thema sind.

Dialog

Wolfgang

Also Johannes, toll, dass es nach mehreren Anläufen nun endlich mit unserem Treffen geklappt hat.

Johannes

Danke für deine Komplimente Wolfgang. Also mir geht es ebenso. Ich freu mich schon auf unser Gespräch.

Wolfgang

Johannes, wir wollen uns ja heute einmal intensiver mit den Ursachen von Ängsten und in weiterer Folge von Stress unterhalten. Vielleicht könntest du unseren Lesern vorweg einmal einen kurzen Einblick in deine Arbeitsweise geben. Ich denke, dass es ganz gut wäre, wenn sie die unterschiedlichen Ansätze unserer Arbeit und Herangehensweise kennen lernen, oder?

Johannes

Ja gerne.

Wolfgang

Deine Haupttätigkeit ist ja die Geist - Aura - Chirurgie. Was darf man sich darunter vorstellen?

Johannes

Bei der Geist - Aura - Chirurgie kann ich geistig in den Körper gehen und dort Operationen durchführen. Das kann ich auch über Bilder und Zeichnungen von inneren Organen durchführen. Ich führe diese Arbeiten mit geistigen Werkzeugen durch. Da hantiere ich ebenso mit Skalpell, Pinzette, Spritzen, Nadeln und Faden und natürlich auch Desinfektionsmitteln (wie z. B. Teebaumöl).

Das Geheimnis der Seele

Wolfgang

Das mag für viele jetzt schräg klingen, aber ich kenne solche Vorgänge, da ich sie selbst schon erlebt habe.

Johannes

Ja Wolfgang, ich kenne das. Doch du kennst ja den Spruch: „Energie ist alles, Materie ist nichts". Albert Einstein meinte ja, dass der Geist die Materie beherrscht und die Wissenschaft der Quantenphysik hat das ja inzwischen eindrucksvoll bewiesen.

Wolfgang

Ja stimmt, Johannes. Daher freue ich mich schon auf unser heutiges Gespräch mit dir. Die Leser sollen trotz deiner Fähigkeiten spüren, welch normaler und bodenständiger Mensch du eigentlich bist, oder vielleicht gerade deswegen?

Wo liegt der große Unterschied zwischen der Geist - Aura Chirurgie und der eines klassischen medizinischen Eingriffes?

Johannes

Also zu allererst möchte ich erwähnen, dass unsere heutige Chirurgie in der Schulmedizin Großartiges leistet. Wenn du dir vorstellst, dass heute OP`s am offenen Herzen durchgeführt und dadurch Menschenleben gerettet werden, Hut ab. Meine Arbeit setzt ganz woanders an. Bei meiner Arbeit geht es darum, energetische und seelische Blockaden dort zu lösen, wo eben unserer Schulmedizin der Zugang verwehrt bleibt. Der Grund für solche Blockaden können ganz unterschiedliche Ursachen sein. Zum Beispiel wenn „Ursache und Wirkung" unverstanden bleiben oder immer, wenn Wörter wie „nein", „kein" oder „nicht" verwendet werden. Ein weiteres Beispiel ist, wenn die Ursachen für Schuld, schlechtem Gewissen oder Tötungsursachen aus früheren

Leben unverstanden bleiben. In der Geist - Aura - Chirurgie wird in erster Linie geistig operativ eingegriffen.

Ein Beispiel: Oft haben Traumata aus Versklavungen, aus Tötungssituationen wie köpfen, erhängen, erschlagen, foltern usw. noch Auswirkungen auf unser jetziges Sein. „Ich will nie mehr meinen Kopf verlieren.", „Mir ist immer eng um den Hals.". Diese Menschen tragen hauptsächlich offene Kleidungsstücke und fühlen sich eingeengt zum Beispiel durch das Tragen einer Krawatte. In der Geist - Aura - Chirurgie kann ich diese Traumata auflösen. Meine Klienten sprechen dann davon, dass sie heute besser damit umgehen können. Sie tragen am Hals wieder geschlossene Hemden mit Krawatte.

Unfälle aus früheren Leben haben dieselben Auswirkungen – Abstürze aus größeren Höhen, in einem Käfig eingesperrt gewesen zu sein (Fahrstuhlphopie), Vergewaltigungen, Nonne sein (mit Jesus verheiratet zu sein) usw. Du siehst also, dass wir da von einer völlig anderen Herangehensweise sprechen.

Wolfgang

Ich versuche unseren Klienten das Thema Energie immer anhand eines einfachen Beispiels darzustellen. Du hast ja richtig gesagt, Energie ist alles, Materie ist nichts, was ja auch die Quantenphysik eindrucksvoll bestätigt. Nur die eingeschränkt denkende heutige Wissenschaft versucht den Menschen zu vermitteln, dass der Bauplan des Lebens in unseren Genen bzw. in unserer Materie zu suchen und zu finden ist (auch unsere vorherrschende Schulmedizin denkt da so!). Es ist zwar schwierig, die Grundlagen der Quantenphysik zu verstehen, doch dieses Beispiel gibt zumindest einen kleinen Einblick oder zumindest ein wenig Verständnis zu diesem Thema.

Nehmen wir als Beispiel unseren Körper.

Laut offizieller Lehrmeinung der in unserem Lebensumfeld vorherrschenden Medizin, ist Heilung nur auf der Ebene des Körpers zu finden. Der Körper besteht aus Materie und ist eben nur im Bereich der Materie zu behandeln. Alles andere wäre Quacksalberei!

Schauen wir uns doch die Zusammensetzung des Körpers - Organismus (Materie) einmal grob an Johannes. Laut wissenschaftlicher Studien weiß man heute, dass unser Körper aus sehr viel Wasser besteht, genau gesagt aus fast 100 % Wasser (Prof. Dr. Ulrich Warnke spricht in diesem Zusammenhang von Information[1]).

Betrachten wir unser inneres Milieu doch einmal etwas genauer. Da gibt es einmal die sogenannte extrazelluläre Flüssigkeit (das ECF). Ca. 20 % des gesamten Körperwassers besteht aus ECF. Man nennt es auch das sogenannte „Badewasser der Zellen." Das heißt also, in diesem Wasser schwimmen die Zellen. Somit befinden sich rund 74 % des gesamten Körperwassers innerhalb der einzelnen Zellen.

Die Aufteilung könnte man auch etwas bildlicher und einfacher erklären.

Wie wir gerade gehört haben, bestehen wir zu rund 20 % aus extrazellulärem Wasser, die restlichen 74 % Wasser finden wir in den Zellen. Also sind wir nur zu rund 74 % dessen, was

---

1   Prof. Dr. Ulrich Warnke, Biologe und Quantenphysiker (Wie das Bewusstsein „Wirklichkeit schaltet")

wir am Morgen beim Waschen im Spiegel sehen, Johannes, richtig?

Innerhalb dieser Zellen bestehen wir also wie gesagt zu etwa 74 % aus Wasser (interzelluläre Flüssigkeit), also sind wir bei den verbleibenden 6 % dessen angelangt was man Materie nennen könnte, stimmts?

Doch schauen wir weiter. Mehr als die Hälfte dieser sogenannten Materie sind Mikroorganismen, die eigentlich fremd sind, also bleiben noch weniger als ca. 3 % übrig, richtig? Und dieser kleine Rest (ca. 100 000 Makromoleküle pro Zelle) wird 10 000 Mal im Zellleben (in den Mitochondrien) ausgetauscht.

Also noch einmal etwas anders formuliert:

Wir bestehen aus Wasser, aber unser Geist formt die Materie und die Materie folgt demnach immer der Energie! Ohne Energie keine Materie.

Somit ist es auch erklärbar, Johannes, warum deine Arbeit so wirkungsvoll ist.

Du kennst ja bestimmt die Wasserarbeit des japanischen Wissenschaftlers Masaru Emoto[2]. Er zeigt ja in seinen unzähligen Arbeiten den energetischen Einfluss auf die Wasserstruktur und die darauffolgende Veränderung der Wasserkristalle[3].

---

2   careva academy – Modul 1 – BESA health coach

3   Masaru Emoto 22. Juli 1943 - 17. Oktober 2014 in Yokohama, Japan) war ein japanischer Parawissenschaftler und Alternativmediziner. Er war Präsident der 1986 in Tokio von ihm gegründeten International Hado Membership (IHM).

Johannes

Ja, natürlich kenne ich die Wolfgang. Allerdings auf diese Art höre ich das heute zum ersten Mal. Klingt aber einleuchtend und vor allem zeigt es das Thema einmal etwas plakativer. Es schafft zumindest einen Ansatz darüber nachzudenken. Energie erkläre ich immer etwas prickelnder und einfacher. Ich sage immer, wer schon einmal in den Stromkreis gekommen ist, der weiß, was Energie bedeutet. Das ist zwar unangenehm, aber eindrucksvoll.

Mit dem Strom ist das ja sowieso verrückt, alle Menschen nutzen den Strom aus der Steckdose, doch die wenigsten wissen, wie er gemacht wird und was da tatsächlich dahinter steckt, oder? Wenn ich aber von Energiearbeit am Körper spreche, schaue ich zumeist in staunende und fassungslose Augen. Erst nach meinen Behandlungen wird den Menschen bewusst, was auf Geist - Aura und Seelenebene möglich ist.

Wolfgang

Gut Johannes, aber ich kann sehr viele dieser Menschen gut verstehen. Ich habe eine Fachschule für Elektrotechnik besucht, ich kenne also das Thema der Energie von der offiziellen wissenschaftlichen Seite. Doch im Gegenzug ist es als sogenannter „Blaustrukturierter"[4] sehr schwer, deine Arbeit nachzuvollziehen. Ich habe lange gebraucht, um mich auf dieses Thema einzulassen. Aber das stellt ja auch einen der Gründe unseres heutigen Treffens dar, nämlich darüber zu plaudern, was auf dieser Geist – Körper - Seele Ebene alles möglich ist bzw. wie unsere Leser diese Möglichkeiten optimal umsetzten können. Eigentlich hatten wir für heute ja

---

4   Bezeichnung für jemanden, der alles schwarz auf weiß braucht um zu verstehen, für den alles berechenbar und erklärbar sein muss

geplant, angeln zu gehen, aber nun bin ich richtig froh, dass es so regnet, denn ansonsten würden wir wieder lange auf dieses Treffen warten.

Ehrlich gesagt, es ist mir ein richtiges Anliegen, in dieser Form mal mit dir über dieses doch so wichtige Thema zu sprechen, zumal ja immer mehr Menschen mit den gesundheitlichen Folgen von Angst und Stress konfrontiert sind.

Das Geheimnis der Seele

04
Ängste
überwinden

Wolfgang

Wie du natürlich weißt Johannes, gibt es ja unzählige wissenschaftliche Arbeiten und Erklärungen zu den Themen Stress und Angst. Interessant dabei ist aber, dass es ganz selten sinn- und wirkungsvolle Lösungen im Umgang mit Stress bzw. Ängsten gibt. Es liegt meines Erachtens einfach daran, dass alles so verkompliziert wird. Die Wenigsten finden dadurch den richtigen Zugang zur Aufarbeitung, zur Entspannung und Regeneration. In Anbetracht unserer modernen und schnelllebigen Gesellschaft wird dieser Zugang immer schwieriger. Dabei ist ja Stress per se etwas Gutes. Die Frage dabei ist, in welchem Kontext wir Stress betrachten. Bleiben wir gleich einmal beim Thema Angst, Johannes. Wie siehst du die Situation? Warum ist es so schwer, richtig mit diesen Themen umzugehen? Warum haben die Menschen Angst?

Johannes

Angst hat ja sehr viele Gesichter. Die Frage ist immer, vor was fürchte ich mich, wovor habe ich Angst. Zumeist ist es die Angst etwas zu verlieren (Verlustängste). Was kann ich verlieren, mein Leben, meine/n Frau/Mann, Job, mein Gesicht, meine Anerkennung, etwas Materielles, mein geliebtes Auto, Haus und so weiter. Jemand kann Angst haben, etwas zu versäumen, zu versagen, den Anforderungen gerecht zu werden, zu spät zu kommen, Angst vor der Höhe oder der Geschwindigkeit zu haben, Angst vor dem Wasser, Angst vor dem Fliegen und so weiter.

Doch woher kommen diese Ängste und warum erzeugen sie Stress? Warum können uns Angst oder Stress krankmachen? Wenn wir irgendwann einmal im Leben etwas verloren haben, dann speichern wir es in unserem Unterbewusstsein ab. Das kann auch in unserer Kindheit schon geschehen sein. Wir können es vergessen haben. Doch immer im Leben, wenn wir eine ähnliche Situation erleben, holt es sich unser Unterbewusstsein wieder hervor (Zellerinnerung). Wir projizieren es aus der Vergangenheit in die Zukunft. Aber aus der Vergangenheit kommt über die Zellerinnerung diese alte Geschichte und durch sie befürchten wir, dass sie sich wiederholen könnte. Die wenigsten Menschen können das verstehen, denn es liegt ja im Unterbewusstsein vergraben.

Schau Wolfgang, die wichtigste Voraussetzung um solche Situationen zu vermeiden ist, dass Körper, Geist und Seele im Einklang sind. Ich habe durch meine Arbeit herausgefunden, dass dies lediglich bei nur 5 % der Menschen der Fall ist.

Wolfgang

Aber gerade das ist es ja, was so schwer zu verstehen und somit zu erreichen ist. Wie können wir unseren Lesern einen Weg zeigen, Körper, Geist und Seele in Einklang zu bringen? Diesen sogenannten Flow innerhalb dieser Ebenen zu erreichen?

Johannes

Ja das möchte ich jetzt von Beginn an einmal genau erörtern. In einem Satz ist das sehr schwierig. Wichtig ist jedoch die Tatsache, dass die Energie einen Schutzmantel um den Körper bilden kann. Hier passt dein Beispiel von Höhenangst recht gut dazu. Deine Höhenangst verschwand ja auch nach meiner Behandlung deines Energiefeldes. Der Körper benötigt seinen natürlichen Schutzmantel wieder, um sich vor Situationen wie aus der Vergangenheit zu schützen.

Wolfgang

Also das war wirklich eine unglaubliche Geschichte. Höhenangst war für mich in der Jugendzeit, soweit ich mich erinnern kann, ein Fremdwort. Irgendwann, ich möchte fast sagen, dass es sich schleichend einstellte, bemerkte ich dann ein bestimmtes Angstgefühl. Besonders beim Touren gehen, bei Aufstiegen über einen schmalen Berggrat spürte ich es am stärksten, ich bekam richtig Angst. Es Freunden gegenüber zu erwähnen war für mich damals unmöglich. Stell dir vor Johannes, was meine Freunde da wohl für Sprüche auf Lager gehabt hätten? So erging es mir auch bei allen Arbeiten in luftiger Höhe. Aber irgendwie habe ich auch immer bei Arbeiten aufgepasst, die in größeren Höhen auszuführen waren. Immer wieder durfte ich mit diesem Thema konfrontiert werden. Prompt passierte auch fast immer ein Malheur. Stell dir vor, einmal fiel ich bei Dachdeckerarbeiten eines Bekannten regelrecht samt dem Gerüst vom Dach. Ein anderes Mal riss das Führungsseil bei einem Außenaufzug eines hohen Gebäudes in Wien einfach ab. Ich hing schräg in der Luft und hoffte, dass die beiden anderen Seile bis zur Bergung halten würden.

Eines meiner schlimmsten Abenteuer erlebte ich bei einer Management Weiterbildung. Es ging unter anderem darum, die eigenen Grenzen auszuloten. Ein Teil dieser Veranstaltung spielte sich in der freien Natur ab. Dabei ging es darum, fünf verschiedene Hindernisse zu überwinden. Du kannst dir vorstellen Johannes, dass alle diese Aufgaben in einer ansehnlichen Höhe stattfanden. Vier dieser Aufgaben konnte ich sogar im absoluten Spitzenfeld bewältigen. Doch die 5. Aufgabe, das Besteigen eines sogenannten indianischen Totenpfahls (ein 7 m hoher Baumstamm, der an der Spitze ein kleines Plateau hatte), brachte mein Blut regelrecht zum Stocken. Eigentlich die einfachste Übung, doch sie bereitete mir unglaubliche emotionale Schwierigkeiten. Das Verrückte daran, ich hatte immer Spaß am Baumklettern. Doch dieser war im Boden dermaßen eingegraben, dass er sich je nach Gewichtsverlagerung hin- und her bewegte. Das Gefühl den festen Boden unter den Füßen zu verlieren, ist da natürlich sehr einfach. Im Grunde war es harmlos und ungefährlich, denn ich war ja an einer Art Flaschengurt gesichert. Unter größter Anstrengung konnte ich die Angst gegenüber meinen Kollegen verstecken. Doch du kannst dir vielleicht vorstellen, was ich in dieser Zeit emotional durchlebte. Wir hatten einen Psychologen dabei, der sofort spürte, was los war. Auch am nächsten Tag litt ich noch unter dem Einfluss dieser emotionalen Erlebnisse. Seit dieser Zeit verstehe ich, was es für viele Menschen bedeutet, richtig Angst zu haben.

Jetzt kommt aber die Geschichte vom Wandel. Ca. 2 Wochen nachdem du mich behandelt hattest, rief einer meiner besten Freunde an und bat mich, ihm beim Dachdecken zu helfen. Du kannst dir denken, wie es mir da ging. Noch dazu hatte ich eine Bringschuld einzulösen, denn dieser Freund war immer da, wenn wir ihn brauchten. Selbstverständlich sagte ich zu. Am nächsten Morgen, es war ein wunderbarer Frühwintertag, Temperatur um die Null Grad, leichter Schneefall, Dachdecken war angesagt! Lange Rede kurzer Sinn. Ich bestieg das Dach, zu Beginn mit einem etwas mulmigen Gefühl. Vorsichtig, das ganze Gerüst war ja wieder so ein halbseidenes Provisorium. Ich ging die ersten Schritte, ich konnte es kaum glauben. „Was war los?", dachte ich. „Keine Angst, keine Probleme?" Im Laufe des Vormittags lief ich schon, an beiden Armen mit Dachziegeln bepackt über das Dach und das bei Schneeregen. Mir wurde aber bald klar, womit dieses tolle Gefühl in Verbindung zu bringen war. Mit deiner Arbeit lieber Freund.

Ich denke, dass man erst dann die Wirkung deiner Arbeit erkennen kann, wenn man sich mit einer Belastung konfrontiert sieht, die sich dann einfach auflöst.

Johannes

Das war mir schon klar Wolfgang, denn vor deiner Behandlung war deine Aura sicher um mindestens 15 cm aus der Mitte. Und diese sogenannte neue Balance spürt man erst dann richtig, wenn es darum geht, sich auf einem schmalen Grad zu bewegen.

Wolfgang

Du sprachst aber zuvor noch von einem fehlenden Schutzmantel. Wie darf man das verstehen? War das dann bei mir ebenso?

Johannes

Ja, in Wirklichkeit schaut`s so aus, dass in weiterer Folge ja die Seele den Körper und den Geist verlassen hat. Somit fehlt der Einklang zwischen Körper, Geist und Seele. Das bedeutet, die Person hat ihre innere Mitte und somit den Einklang, das Verständnis oder die gemeinsame Sprache zwischen Körper, Geist und Seele verloren. Bei dir lag die Ursache in der verschobenen Aura. Deine Seele lag außerhalb deines körperlichen Zentrums. Du hattest eine sogenannte Schlagseite, wenn du es demnach betrachten möchtest.

Wolfgang

Jetzt ergeben sich da für mich zwei Fragen Johannes. Zum einen, wie meinst du das, ich stehe außerhalb meiner Mitte? Ich könnte mir vorstellen, dass sich da einige Leser schwertun, das zu verstehen? Zum anderen, wie kann die Seele den Geist verlassen?

Johannes

Gehen wir zuerst zu Frage zwei, das ist einfacher. Hat die Seele den Körper verlassen, so fehlt der gesunde Zugang zum Geist. Somit fehlt die Fähigkeit, reine und klare Gedanken zu fassen. Man ist ständig hin und her gerissen, da ja das Ego immer stärker versucht, den letztendlich falschen Gedanken zu fassen. Das Ego steht auf deiner geistigen Seite. Betrachte es auch als deinen Egoismus. Dieser Egoismus stellt die größte Hürde bei der Verbindung zur Seele dar. Unser Geist und unser Ego gibt uns die Fähigkeit vernetzt zu denken. Somit sind wir in der Lage, Pläne zu schmieden und diese auch dementsprechend umzusetzen. Wir haben die Fähigkeit uns zu erinnern, in die Zukunft zu planen, uns Geschichten und Dinge auszudenken. Doch so sehr uns diese Fähigkeiten als Mensch auch auszeichnen, so wurden sie immer mehr auch zur Geisel unseres Seins. Besonders das Trennen von richtigen und falschen Gedanken. Treffen wir unsere Entscheidungen immer im Einklang mit der Seele oder trifft unser Geist Entscheidungen alleine, egoistisch und kopfgesteuert? Du kennst ja dieses Gefühl, wenn wir Entscheidungen über unsere Kopfebene, unser Ego treffen, das Bauchgefühl aber etwas anderes vermittelt, gerne eine andere Entscheidung treffen möchte. Treffen wir die Entscheidung auf Kopfebene, dann kannst du davon ausgehen, dass sie falsch ist. Die Folgen wirst du früher oder später auch zu spüren bekommen. Ich möchte etwas später noch genauer auf dieses Thema eingehen.

Frage eins versuche ich so zu erklären. Dazu ist es wichtig, zuerst einmal zu verstehen, warum wir auf dieser Welt sind, welche Aufgaben wir zu erfüllen haben? Schau her Wolfgang, ich habe in meinem Leben mehrere Schiffbrüche erlitten. Einen schweren Autounfall, der mir fast das Leben kostete, bis hin zum finanziellen Chaos. All das durfte ich erleben, um zu verstehen, warum ich auf dieser Welt bin, was tatsächlich meine Aufgabe ist.

Durch meinen letzten Autounfall fand ich genügend Zeit über mein Leben nachzudenken, mein Leben hing am sogenannten seidenen Faden.

Mir wurde am Rande der Verzweiflung bewusst, dass, wenn ich diesen Unfall überlebe, ich nur mehr jene Ziele verfolgen werde, die schon seit jungen Jahren in mir schlummern und mein Herz bewegen. Mir wurde klar, dass viele meiner Lebensziele nur kopfgesteuert waren, was fehlte war die innere Überzeugung zu den bisher gesetzten Lebenszielen. Ich verfolgte Ziele, die mir zwar zu Beginn Respekt und Anerkennung verschafften, doch waren sie geprägt von viel Geld verdienen und zeigen was man hat. Im Laufe der Jahre wurde ich immer unglücklicher. Doch ich hatte Angst, über die Hintergründe nachzudenken, denn meine Seele vermittelte mir immer wieder meine wahre Bestimmung. Durch das Ignorieren dieser wahren und wichtigen Informationen wandte sich meine Seele ab von mir. Mein Unfall war die letzte mögliche Konsequenz zur Besinnung, die mir das Leben aufzeigte.

Von nun an war ich bereit, mich über meine Fähigkeiten auszudrücken. Bis dorthin hatte ich Angst, in Gegenwart meines direkten Umfeldes darüber zu sprechen. Das betraf im Besonderen meinen Freundeskreis und meine Familie. Ich hatte Angst mich unverstanden zu fühlen. Ich hatte Angst ausgelacht oder für verrückt erklärt zu werden. Ich hatte Angst davor meinen Freunden zu sagen, was ich will und was mir widerspricht oder missfällt. Natürlich war mir mein Freundeskreis, mein Umfeld wichtig. Durch dieses Umfeld wurde ich zu dem was ich damals war, es prägte mich. Ich hatte Angst es zu verlieren. Ich bin und war schon immer ein sehr bodenständiger Mensch mit festen Wurzeln und einem klaren Bezug zur Kultur. Welche Alternativen sieht man da noch als Jugendlicher?

Wolfgang

Ja, ich kenne das. Oft brauchen wir im Leben so einen Schicksalsschlag, oft auch mehrere solcher Erfahrungen, die dann alles auf den Punkt bringen. Wie du weißt, war es ja auch bei mir ähnlich. Auch für mich standen Geld verdienen, Erfolg auf allen Ebenen und mein Ansehen nach außen im Vordergrund. Die Anforderungen, die ich an mich selber stellte wuchsen ins Unermessliche, ja eigentlich bis ins Krankmachende. Deshalb verstehe ich als Therapeut inzwischen die wahren Ausprägungen von Stress und emotionalen Belastungen.

Besonders jenes Gefühl, beziehungsweise die Angst zu versagen, den eigenen Anforderungen gerecht zu werden.

Aber wir werden sicherlich zu einem späteren Zeitpunkt noch einmal näher darauf eingehen. Jetzt wieder zur Frage Johannes, warum sind wir auf dieser Welt?

Das Geheimnis der Seele

05
Warum sind wir auf dieser Welt? Die Magie unseres dritten Auges

Warum wir auf dieser Welt sind, fragen sich die meisten Menschen, Wolfgang. Warum bleiben die Antworten auf diese Frage aus? Im Grunde sind wir auf dieser Erde, um die Probleme, die bei uns Menschen im Vorleben ungelöst blieben, zu lösen. Daher suchen wir uns auch unsere Eltern aus, um die Möglichkeit zu erhalten, diese bestehenden Konflikte zu lösen. Warum gestaltet sich das so schwierig? Es gibt bestimmte Mächte auf unserer Erde, die versuchen uns von der seelischen Ebene, unserer Gefühleben weg zur Kopfebene zu bringen. Du weißt ja, das unser Gehirn aktuell nur lediglich 3 – 7 % seiner Kapazität nutzen kann. Das ist doch verrückt, oder? Wir nutzen tatsächlich nur einen Bruchteil unseres Computers. Warum ist das so? Weil das wahre Wissen in unserer Seele liegt und dieses universelle Wissen unserer Seele liegt bei 100 %. Bei deiner Seele, meiner Seele und jeder anderen Seele liegt das universelle Wissen bei 100 %.

Entscheidend dabei ist die Funktion des sogenannten dritten Auges. Das erste was ich bei Behandlungen meiner Klienten mache, ich öffne ihnen energetisch betrachtet das dritte Auge, welches ja als das Tor zur Gefühlsebene gilt. Ansonsten wird es für den Menschen schwer zu verstehen und zu spüren, warum ich welche Therapien weiterführend mache. Daher ist es wichtig, dass ich das Tor zur Gefühlswelt öffne. Das Tor in die eigene Seele. Es ist wie mit einem Samenkorn, das ich sähe. Von dem Augenblick, in dem ich das Tor öffne, beginnt der Samen zu keimen und zu wachsen bis zur Reifung der Frucht. Als Frucht bezeichne ich deine Fähigkeit wieder zu erkennen, was deine Aufgaben sind auf dieser Welt.

Das bedeutet, dass es sich auch hier um einen mittelfristigen Prozess des Reifens handelt.

Bleibt das dritte Auge geschlossen, bleibt der Weg zur Gefühlsebene und zur Erkenntnis, warum wir auf dieser Welt sind, versperrt. Dieser Mensch bleibt zusehends ein Suchender, der niemals findet.

Wolfgang

Wow. Ja mit dem dritten Auge ist das so eine Geschichte, Johannes. Wissenschaftlich spricht man ja davon, dass es sich beim dritten Auge um die sogenannte Zirbeldrüse oder die Epiphyse handelt. Mit dem dritten Auge wird ja die energetische Verbindung zur Weisheit und Erkenntnis hergestellt. Ist das Dritte Auge geöffnet, werden Intuition und Erkenntnisfähigkeit gestärkt. Man spricht auch von der transzendierenden Bewusstseinserweiterung. Menschen mit weit geöffnetem drittem Auge werden auch übersinnliche Fähigkeiten nachgesagt.

Es klingt völlig verrückt, aber es gibt Mächte, die weltverzerrend versuchen, das zu verhindern.

Wenn man gegenwärtig bei TV, Printmedien, Schulbildung oder Internet bleibt, lässt sich das sehr gut erkennen. Die Manipulationen, mit denen versucht wird unsere Erkenntnisfähigkeit zu unterbinden, sind kaum zu übersehen, vorausgesetzt unser drittes Auge funktioniert. Die Mächte nutzen in erster Linie nur Menschen, deren Erkenntnisfähigkeit beschränkt ist. Das Wichtigste für den Staat sind Bürger, die im Hamsterrad laufen.

Doch wenden wir uns wieder dem dritten Auge und der Frage zu, wie können wir es aktivieren?

Johannes

Genau Wolfgang, das ist Teil meiner täglichen Arbeit. Die Menschen fühlen sich nach dem Öffnen des dritten Auges und somit dem Zugang zur Seele wieder im Mittelpunkt ihres Lebens. Die Menschen erzählen dann von Verbesserungen ihrer Gesundheit und Vitalität. Sie beginnen immer mehr auch wieder über die Gefühlswelt zu kommunizieren und Entscheidungen aus dem Bauch zu treffen. Sie spüren immer mehr wieder ihr Selbstvertrauen, ihr eigenes Ich.

Wolfgang

Woraus resultiert das Gefühl von mehr Selbstvertrauen?

Johannes

Weil die Menschen erkennen, dass die Entscheidungen über die Gefühlsebene sich richtig anfühlen.

Wolfgang

Wie lerne ich über die Gefühlsebene zu kommunizieren, Johannes?

Johannes

Kennst du den Spruch vom Huhn und Ei? Bei uns in Oberösterreich spricht man immer von Huhn und Ei. Dabei ist das Ei dem Gehirn gleichgestellt, das Huhn der Seele. Dadurch, dass uns der Blick in die Seele verwehrt ist, entscheiden wir immer mit dem Gehirn (Ei). Ganz nach dem Spruch: „Das Ei ist wieder einmal gescheiter als das Huhn."

Wolfgang

Bleiben wir bei der Gefühlsebene bzw. beim geöffneten dritten Auge Johannes. Wie darf ich nun mit dem geöffneten Auge umgehen? Spüre ich das sofort? Habe ich das richtig verstanden, dass es notwendig ist den Samen von dem du gesprochen hast auch regelmäßig zu hegen und zu pflegen, also zu gießen und zu nähren?

Johannes

Selbstverständlich Wolfgang. Das geschieht insofern, indem du deine Entscheidungen zukünftig mehr und mehr mit dem Bauch, deiner Seele triffst.

Wolfgang

Also wenn ich dich jetzt richtig verstanden habe, bedeutet der 1. Schritt gegen Ängste und Disstress das dritte Auge zu öffnen, richtig? Wie wäre dann die weitere Vorgangsweise, Johannes?

Johannes

Im 2. Schritt geht es dann darum, die Energiefelder über die Chakren von den entstandenen Blockaden zu lösen.

Wolfgang

Wodurch entstehen diese Blockaden?

Johannes

Durch ständiges Indoktrinieren über Medien und Schulbildung Entscheidungen lediglich über den Kopf zu treffen. Auch die Lebensmittelindustrie trägt einen entscheidenden Beitrag dazu bei, indem sie uns durch denaturierte und vergiftete Nahrungsmittel in eine Degeneration leitet. Eine wesentliche Rolle spielt dabei das Unverständnis von Ursache und Wirkung. In Wirklichkeit sollten in jeder Schule die Grundlagen von Ursache und Wirkung als Hauptfach geführt werden. Das würde helfen, Streitereien, Unverständnis oder gar Kriege zu verhindern. Im 3. Schritt trete ich in Kontakt mit der Seele dieser Person, um die Reinigung von Körper, Geist und Seele durchzuführen. Dabei verspürt der Klient bei der Kontaktaufnahme mit der Seele sofort diese energetisierende Verbindung. Gereinigt werden dabei frühere Verletzungen, Morde, Misshandlungen, Folterungen, Eide, Gelübde, Verwünschungen, Flüche usw.

Die Ursache vieler Krankheiten und somit auch von Ängsten und Stress liegt im Thema der Schuld sowie Ursache und Wirkung.

Zusammenfassung - warum sind wir auf dieser Welt?

In erster Linie geht es darum zu spüren, was unsere Bestimmung auf dieser Welt ist. Welches Karma habe ich aufzulösen? Grundsätzlich geht es darum, Liebe und Lebensfreude in allen Lebenslagen zu erleben und zu spüren.

Wie kann ich das erreichen?

Schritt 1 – öffnen des dritten Auges

Schritt 2 – Chakren reinigen

Schritt 3 – Reinigung von Körper, Geist und Seele (Aura)

06
Schuld, Ursache und Wirkung ... verzeihen

Wolfgang

Was verstehst du unter Ursache/Wirkung und was unter Schuld? Wie kann ich eine Schuld wieder loswerden, Johannes?

Johannes

Bleiben wir zuerst bei der Schuld, Wolfgang.

Mittlerweile haben es die Mächte geschickt eingefädelt, dass sich die Menschen gegenseitig Schuld zuweisen. Ja sogar in den eigenen Familien wird bereits wild darauf los gestritten. Wenn wir die Schuld aus unserem Sprachgebrauch streichen, dann bleibt lediglich die Resonanz aus Ursache und Wirkung.

Die Schuld wurde nur erfunden, um unser Gegenüber kleiner zu machen als es ist. Dadurch entstehen automatisch weitere Konflikte und Streit. Weitere Schuldzuweisungen sind somit vorprogrammiert.

Schuld kann ich aber loswerden, indem ich vergebe. Das bedeutet, dass ich über mein Ego hinwegspringe, die Kopfebene zurücklasse und so in die Gefühlsebene gelange. Schuld kann ich also abbauen, in dem ich „Ursache und Wirkung" verstehen lerne. Ein Mensch, der einem anderen Menschen die Schuld zuschreibt, hat Ursache und Wirkung missverstanden. Was du säst, wirst du ernten, Wolfgang. Ursache und Wirkung sind ebenso Naturgesetze wie die Schwerkraft oder wie die Fliehkraft.

Wenn ich mit dem Auto zu schnell in die Kurve fahre, fliege ich aus der Kurve raus, ganz nach dem Gesetz der Fliehkraft.

Wenn ich aus dem Balkon des 3. Stockes springe, lande ich hart am Boden ganz nach dem Gesetz der Schwerkraft.

Wer die Gesetze der Natur missachtet, wird unweigerlich leiden oder gar daran zugrunde gehen. Dazu gehören Streitereien mit Ehepartnern, Freunden, Nachbarn, Arbeitskollegen,

Geschäftspartner u. v. m. Was zurückbleibt ist Wut, Zorn und ein schlechtes Gewissen.

Schuld wurde von den Menschen erfunden und erschaffen, um im Endergebnis Stress und Ängste als eine der wichtigsten Ursachen von Krankheit zu erzeugen. Nur die Gesetze der Natur haben eine lehrende und heilende Wirkung auf uns Menschen.

Wolfgang

Johannes, in der chinesischen Medizin spricht man ja davon, dass alles mit allem verbunden ist. So also sind demnach unsere Organe zum Beispiel mit bestimmten Muskeln, Gelenken und Wirbelkörpern verbunden. Weiter lassen sich auch Verbindungen zu emotionalen Störungen unserer Gefühlswelt herstellen. Wut und Zorn z. B. werden der Leber und der Gallenblase zugeordnet. Das schlechte Gewissen wiederum spürt die Pankreas (Bauchspeicheldrüse). So erklärt es sich, das dauerhafte Belastungen durch schlechtes Gewissen irgendwann die Muskulatur und in weiterer Folge Gelenksstrukturen schädigen oder innere Organe wie Milz/ Pankreas belasten.

Emotional steht die Milz beispielsweise in der traditionellen chinesischen Medizin für das Trennen von Trübem und Klarem. Bleiben wir aber beim Naturgesetz Ursache/Wirkung.

Johannes

Ja Wolfgang, die Lehre der chinesischen Medizin, der Buddhismus sowie viele andere Glaubenslehren sind ganz stark mit der Natur und deren Naturgesetzen verbunden. Da sind viele Gesetze von Kind an leicht zu verstehen, weil es immer den Querbezug zur Natur gibt. In unserer Kultur ist das bedeutend schwerer. Doch würden wir uns an diese Naturgesetze halten, dann wären die von Menschen über die Kopfebene ausgestalteten Gesetze und Paragraphen überflüssig. Wenn ich dir etwas Böses antue, dann wirst du mir Böses zurückgeben. Wenn ich dir etwas Gutes tue, wirst du es mir dementsprechend danken, richtig?

Wolfgang

Richtig. Johannes, du hast zuvor auch von verzeihen gesprochen. Was verstehst du im Detail unter „dem Verzeihen" wirklich? Das hört sich ja ganz einfach an. Ich ersuche jemanden um Verzeihung und gut ist es, oder?

Johannes

Verzeihen kann ich nur dann, wenn ich den anderen verstehe.

Wolfgang

Wie kann ich nun mein Gegenüber verstehen? Was soll ich verstehen, wie darf ich mir das vorstellen?

Hannes

Indem ich verstehe, dass jeder seine eigene Wahrheit hat. Jeder ist in einer anderen Umgebung aufgewachsen, wurde anders geprägt. Der eine wächst im behüteten Kreis seiner Familie auf, der andere in einem Kriegsgebiet, ja wird sogar gezwungen zum Töten. Das ist ja bei uns beiden auch so. Wenn ich erkennen darf, verstehen darf, warum sich jemand so entwickelt hat, wird es einfach. Wichtig ist die Erkenntnis darüber, dass, wenn ein Mensch hart reagiert, er ein bedauernswerter Mensch ist. Er hat das Gesetz von Ursache und Wirkung missverstanden oder es ist ihm unbekannt. Was du säst das wirst du ernten, verstehst du was ich meine Wolfgang?

Jeder ungelöste Konflikt wird in unserem Gehirn und unserer Seele gespeichert. Wir kommen immer wieder zurück auf die Erde, um diese Konflikte zu lösen. Ohne Auflösung dieser Konflikte fehlt unserer Seele die Reinigung.

Schulen, Religionen und sogar die Politik wissen im Groben, warum wir hier unten auf der Erde sind. Und sie werden immer wieder versuchen zu verhindern, dass unsere Konflikte gelöst werden. Nur so bleiben wir für die Obrigkeit weiterhin manipulierbar. Mittlerweile ist dieses Thema bereits so weit fortgeschritten, dass viele Menschen sich schon in den eigenen Familien gegenseitig Schuld zuweisen. Wieder das Gesetz von Ursache und Wirkung – was du säst, wirst du ernten. Wenn du Schuld säst, wirst du Schuld ernten. Der Mensch ist das einzige Wesen, das mit dem Gehirn säen kann. Was du säst, wirst du ernten. Z. B. du planst ein Haus, du wirst es bauen und irgendwann steht es da und du wirst darin wohnen. Säe ich Roggen, dann werde ich Roggen ernten. Wenn ich Hass säe, werde ich Hass ernten. Wenn ich Liebe säe, werde ich Liebe ernten.

Und wenn die Menschen das begreifen, es verstehen, dann wird das Wörtchen Schuld aussterben.

Wolfgang

Das klingt natürlich sehr einfach, ist es das aber auch in der Umsetzung? Welche Erfahrungen hast du in der Umsetzung gemacht?

Johannes

Ich erzähle dir nun eine Geschichte aus meinem Leben. Sieh es als die Geschichte von Johannes und Peter.

Die Geschichte liegt etwa 15 Jahre zurück. Sie handelt von einem sehr engen Freund von mir. Wir hatten immer sehr viel Spaß zusammen und auf Grund von Geldgeschichten kam es zum sofortigen Bruch der Freundschaft. Gegenseitige Schuldzuweisungen schaukelten sich auf bis unsere langjährige

Freundschaft völlig zerbrach. Danach herrschte nur mehr Hass und gegenseitige Verurteilung.

Was blieb war die absolute Traurigkeit, wann immer meine Gedanken bei ihm waren. Jede ähnliche Geschichte, die ich erleben oder von anderen erfahren durfte, ließ mich unweigerlich an Peter und unseren Streit denken. Unweigerlich spürte ich sofort die alten Emotionen wie Traurigkeit, Wut und Schuldgefühle in mir. Das ging fast neun Jahre so, bis zu einem einschneidenden Erlebnis im Supermarkt.

Ich sah Peter beim Einkaufen und wie ein Blitz fuhr es mir durch den Körper. Mir wurde sofort klar, ich möchte Peter unbedingt vergeben. Zu Hause angekommen, nahm ich mir Zeit, die vergangene Situation zu verstehen. Warum sind Peter und ich so zerstritten, warum lässt sich diese Situation so schwer regeln? Wir sind doch erwachsene Menschen.

Mir wurde sofort bewusst, dass dieses Problem nur auf Seite der Kopfebene, der Ego Seite zu suchen ist. Wie konnte sich dieses Thema auf die Gefühlsebene (Seele) verlagern? Ich rief mir seine Umgebung, sein Umfeld in Erinnerung, um zu verstehen, warum er so handelte. Somit war ich in der Lage, seine Situation, sein Handeln (jeder hat sein Recht und jeder hat seine Wahrheit bedingt durch seine Welt und sein Umfeld) besser zu verstehen. Somit durfte ich auch Ursache und Wirkung besser verstehen. Ich verstand, warum er damals so handelte, mir wurde aber auch bewusst, warum ich damals so handelte. Er lebte in seiner Welt und in dieser war er von seinem Denken und Handeln überzeugt. Ihm fehlte die Bewusstheit, es so zu sehen wie es tatsächlich war. Ihm fehlte die Gegenwärtigkeit um die Ursache der Konflikte zu erkennen. Zum damaligen Zeitpunkt war ihm der Zugang zu seiner Gefühlsebene versperrt, was zum Mangel an Gegenwärtigkeit und Bewusstheit und in weiterer Folge zum unausweichlichen Konflikt führte. Durch den blockierten Weg zu seiner Gefühlswelt blieb es ihm auch verwehrt, mich zu verstehen. Umgekehrt war es ebenso. Ich hatte meine Wahrheit und handelte eben genau danach.

Jeder hat seine Wahrheit vertreten und versucht, dem anderen seine Wahrheit aufzuzwingen. Nachdem mir das Problem in Form eines Spiegelbildes zurückprojiziert wurde, verstand ich in unserem Falle Ursache und Wirkung. Mir wurde klar, dass ich das Problem ja selber provoziert hatte und daher auch bei mir zu suchen hatte. Wir waren letztendlich beide unschuldig, da wir beide unwissend waren und beide außerhalb der Kenntnis von Ursache und Wirkung. Somit konnte ich ihm verzeihen, ich konnte ihm vergeben.

Wolfgang

Ok Johannes, wie kann ich mir das Verzeihen nun vorstellen. Bist du da zu ihm hingefahren? Wie können unsere Leser das optimal umsetzen?

Johannes

Schau Wolfgang, ich habe ihn mir bildlich vorgestellt und habe ihm zu diesem Bild vor meinem geistigen Auge um Verzeihung gebeten.

Wolfgang

Wie genau haben die Worte des Verzeihens gelautet?

Johannes

Ich habe mir Peter bildlich vor meinem geistigen Auge vorgestellt und habe folgendes zu ihm gesagt: Peter ich vergebe dir, bitte vergib auch mir. Vergeben wir uns beide, denn uns beiden hat es an Bewusstheit und Gegenwärtigkeit gemangelt, um es besser zu verstehen. Also bitte vergeben wir uns.

Das entscheidende ist, dass du dieses Vergeben ehrlich meinst und es von Herzen kommt. Wenn du es in dir spürst Wolfgang, dann ist es vollbracht.

Wichtig:

Johannes hat sich Peter vor seinem geistigen Auge vorgestellt. Natürlich kann man auch ein Bild der jeweiligen Person dazu verwenden. Danach die ehrlichen Worte wie folgt verwenden: Peter ich vergebe dir, denn es fehlte dir an Bewusstheit um es besser zu wissen, um es besser zu verstehen. Bitte vergib auch mir, denn auch mir fehlte die Bewusstheit um es besser zu wissen, um es zu verstehen. Vergeben wir uns, denn uns beiden war damals der Zugang zu unserer Seele verwehrt.

Entscheidend ist, dass dieses Vergeben auch innerlich gespürt wird. Nur dann ist es vollbracht. Es ist dann gut, wenn es sich auch auf der Seele und dem Herzen gut anfühlt. Wenn ich an diese Person denke, dann ist es wichtig, dass es sich unbedingt frei anfühlt. Erst dann ist die Vergebung vollendet.

Wolfgang

Ja, das leuchtet mir ein, Johannes. Und hast du Peter dann irgendwann einmal wieder getroffen? Was ist dann geschehen?

Johannes

Ja Wolfgang, danach geschah ein regelrechtes Wunder. Es war eines meiner ersten persönlichen Erlebnisse dieser Art zum Thema „Verzeihen über die Seele" (Ursache und Wirkung). Das Telefon läutete rund 2 Monate später und was meinst du, wer dran war? Richtig, es war Peter. Stell dir vor, er bat mich darum, miteinander zu sprechen, um uns wieder zu vertragen, uns zu vergeben. Es war unglaublich, was das für ein Gefühl in mir auslöste. Es war mir damals, als würde ein regelrechter

Felsbrocken von meinen Schultern, von meinem Herzen fallen. Seitdem pflegen wir wieder eine ganz tolle Freundschaft.

Wolfgang

Wow, das ist eine wirklich interessante Geschichte. Vor allem finde ich es wichtig, dass wir unseren Lesern genau erklären können, wie sie dieses Thema für sich selber optimal umsetzten können, stimmt`s?

Ich durfte ja bereits sehr viel von dir lernen lieber Freund. Seitdem ich diese Methode anwende, hat sich auch in meinem Leben sehr viel verändert. In meinen Meditationen erscheinen mir Menschen aus meiner Vergangenheit, ja sogar aus meiner Kindheit, an die ich mich dann erinnere und denen ich auf dieselbe Art und Weise verzeihe.

Ja sogar Menschen, die bereits verstorben sind erscheinen mir und ich fühle mich großartig nach dem Verzeihen. Ich empfinde es immer wieder wie einen Reinigungsvorgang. Einfach wunderbar, es ist bereits Teil meines Lebens geworden.

Aber ich denke, dass es für die meisten Menschen schwer ist zu verstehen, dass jeder seine eigene Wahrheit hat. Die meisten Menschen beharren ja darauf, dass ihre Wahrheit die einzig richtige ist. Zum einen die Frage, wie erkenne ich die Wahrheit meines Gegenübers und zum anderen, wie schaffe ich es mein Ego auszuschalten? Denn letztlich ist es ja mein Ego, das ein mögliches Verzeihen so schwer macht.

07

Leben im „Hier und Jetzt" in „Liebe und Dankbarkeit"

Johannes

Das ist eine wichtige Frage. Es geht darum den Menschen verständlich zu machen, dass sie im „Hier und Jetzt" leben. Im „Hier und Jetzt" leben heißt die Situation im „Hier und Jetzt" zu spüren, zu fühlen und die Situation zu verstehen. Im „Hier und Jetzt" zu realisieren zu konfrontieren.

Wenn ich mit Unverständnis in die nächste Situation gehe, dann ist etwas stehen geblieben bzw. blieb ungelöst. Bitte verstehe mich richtig, aber im „Hier und Jetzt" leben bedeutet zwar gegenwärtig zu leben, aber eben im „Hier und Jetzt." Es setzt aber schon voraus, dass ich die Situation verstehe.

Wenn ich im "Jetzt" traurig, hinterhältig oder verlogen lebe, darf ich dann erwarten, eine gute Zeit in der Zukunft zu haben? Diese Zukunft kann nur eine verlorene Zukunft sein. Von den Folgen dieser verlorenen Zukunft ganz zu schweigen. Eine gute Zukunft braucht es, gute Samen im „Hier und Jetzt" zu säen. Wenn ich im „Hier und Jetzt" etwas Gutes säe, werde ich in der Zukunft etwas Gutes ernten. Säe ich im „Hier und Jetzt" Liebe und Dankbarkeit, dann werde ich in der Zukunft Liebe und Dankbarkeit ernten.

Wolfgang

Das dürfte meines Erachtens aber doch noch etwas schwierig sein Johannes. Oft kann da ein praktisches Beispiel sehr viel lösen. Vielleicht fällt dir da etwas Bildliches ein?

Johannes

Hier ein Beispiel, das sehr gut zu careva passt, Wolfgang. Nehmen wir zum Beispiel ein Mittagessen. Wie viele Menschen essen tatsächlich gegenwärtig? Kennst du da jemanden, außer dir natürlich? Die meisten Menschen denken beim Essen schon wieder an die nächsten Termine, was alles zu erledigen ist, manche lesen Zeitung, sind in der irrealen Welt des Smartphones oder in sonst welchen Gedanken gefangen.

Verstehst du was ich meine. Die meisten Menschen schaufeln regelrecht ihr Futter in den Mund. Stell dir das vor Wolfgang, es bleibt ihnen völlig verwehrt, zu spüren, zu schmecken und zu riechen. Wer isst seine Nahrung in Liebe und Dankbarkeit, im Bewusstsein, überhaupt etwas zu essen zu haben. Wie viele Menschen realisieren beim Essen, dass andere Menschen für eine gute Ernte von Bio-Salat gegenwärtig, in Liebe und Dankbarkeit arbeiten, täglich ihr Bestes geben, damit wir beste Qualität essen dürfen, damit unser Körper optimalen Treibstoff erhält? Wer sagt „Danke" für die Arbeit der Bio-Landwirte, für die tollen lebensmittelverarbeitenden Bio-Unternehmen? Heutzutage sind Millionen Menschen auf der Flucht, Hunderttausende verhungern jährlich auf dieser Erde. Wir essen die besten Lebensmittel, ohne Bewusstsein woher diese eigentlich kommen. Für viele ist es total selbstverständlich, sich täglich einen gedeckten Tisch leisten zu können. Der Masse der Menschen ist unklar, woher die Lebensmittel kommen. Sie meinen alles kommt aus der Fabrik (was ja großteils auch so ist). Du weißt ja selber, dass viele Kinder der Meinung sind, Milchkühe seien violett.

Wo bleiben Dankbarkeit und Lebensfreude beim Essen und all den anderen Dingen die wir täglich machen? Das ist das was ich unter dem „Verstehen" meine. Wenn ich verstehe, warum ich im „Hier und Jetzt" leben sollte, dann steigt die Chance in der Umsetzung.

Wolfgang

Also das mit dem „TUN" in Liebe und Dankbarkeit ist eine absolut tolle Metapher. Wir wenden sie immer und überall an und es schafft ein wunderbares Gefühl. Dieses Gefühl nach aussprechen der Worte durchströmt deinen ganzen Körper. Es ist Teil unserer Lebensfreude und unseres Erfolges.

Johannes

Ja, das soll es ja auch. Diese Worte sind wichtig zur Energetisierung unseres Essens. Doch sie sind auch Voraussetzung für die positive Umsetzung in vielen anderen Themenbereichen. Hier einige Beispiele wie: „Ich lebe mit meiner Familie in Liebe und Dankbarkeit", ich „schreibe in Liebe und Dankbarkeit", ich „arbeite in Liebe und Dankbarkeit", ich „fahre in Liebe und Dankbarkeit" usw.

Wolfgang

Dazu fällt mir gerade noch ein Beispiel ein Johannes.

Ich fahre morgens öfter dieselbe Strecke mit dem Auto z. B. in die Arbeit. Immer wenn ich zeitlich spät dran bin, ärgere ich mich. Dazu mischen sich dann die Gedanken an starkes Verkehrsaufkommen und Ampelregelungen.

Was bringt dieser Ärger, kann er verhindern, dass ich zu spät komme?

Doch irgendwann einmal von einer anderen Seite betrachtet: Ich gehe in mich und versuche dieselbe Strecke in Bewusstheit und Gegenwärtigkeit zu fahren. Das Beste Johannes: jemand möchte über die Straße gehen. Ich halte mein Fahrzeug an und winke mit einem ehrlichen und herzlichen Lächeln den Menschen über die Straße. Das Besondere daran, du erhältst sofort ein Lächeln gratis zurück. Du wirst sofort spüren, dass der Verkehr zu fließen beginnt. Wie heißt es so schön: „Was du säst, das wirst du ernten." Du bekommst positive Energie zurück, das beflügelt regelrecht.

Johannes

Ja, und wenn jetzt Seele und Körper im Einklang sind, dann beginnt der Körper in seine Balance zu finden. Selbstheilung geschieht, Freude, Harmonie und Gelassenheit kehren zurück.

Jetzt beginnt alles neu. Körper, Geist und Seele sind wieder im Reinen. Auch darüber sollte nachgedacht werden.

Das Geheimnis der Seele

08

Alles beginnt neu ... "was du säst, das wirst du ernten"

Wolfgang

Was meinst du damit, wenn du sagst, dass „alles neu beginnt?"

Johannes

Damit du diesen Einklang von Körper, Geist und Seele behalten kannst, ist es wichtig, geduldig zu sein und dem Samenkorn Zeit zum Wachstum zu geben. Beispiel, ich bestelle eine Hose bei Amazon. Die Bestellung der Hose stellt das Samenkorn dar. Jetzt ist es wichtig darauf zu vertrauen, das die Hose auch tatsächlich ankommt. Wer zweifelt grundsätzlich daran, dass die Hose von Amazon ankommt?

Aber in Bezug auf uns selber sind wir sehr oft in Zweifel. Mit diesem Selbstzweifel ersticken wir jeden Erfolg bereits im Keim. Innerlicher Stress entsteht, das Samenkorn wird zurückgebildet, es bleibt ein verkümmertes oder abgestorbenes Samenkorn.

Wolfgang

Aber es ist doch wichtig, nach der Behandlung (Reinigung Körper/Geist/Seele) seine Gedanken und seine Lebensweise, Lebensstil zu ändern, oder?

Johannes

Ja Wolfgang, selbstverständlich. Denn mit jedem Gedanken säst du ein neues Samenkorn. Also achte auf deine Gedanken.

Wolfgang

Ja, da kenne ich ein weises altes Sprichwort, das sehr viel Energie birgt. „Achte auf deine Gedanken, denn sie werden deine Worte. Achte auf deine Worte, denn sie werden deine Taten. Achte auf deine Taten, denn sie bestimmen dein Leben".

Wie schwer ist es Johannes, seine Gedanken zu kontrollieren? Viele Menschen meinen ja, dass das durch deine Arbeit ganz von selber geschieht? Viele Menschen erwarten sich das ja von einem Geistheiler?

Johannes

Wer so etwas sagt, sollte sich Zeit nehmen, das Gesetz von Ursache und Wirkung besser zu verstehen. Was ich verändern kann, ist die Bewältigung der Vergangenheit. Ich schaue, dass deine Aura im Mittelpunkt deines Körpers steht, dass Körper, Geist und Seele in Balance kommen. Ich löse Traumata aus vergangenen Leben, ich befreie meine Klienten sozusagen auch von familiären Belastungen. Ich löse Gelübde und Flüche, denn diese bergen die Gefahr, dass die Menschen dann emotional noch an bestimmten Themen festhalten. Aber wichtig Wolfgang: JEDER Mensch PRODUZIERT sich SEINE ZUKUNFT NEU! Wenn die Gedanken kopfgesteuert sind und der Mensch es unterlässt, seine Gedanken über seine Gefühlswelt zu produzieren, entstehen wieder neue Vergangenheitsprobleme, die wiederum neu gelöst gehören. Letztendlich brauche ich nur meine Gefühle zu kontrollieren. Schlechte Gefühle erzeugen schlechte Samen. Habe ich gute Gefühle, dann erzeuge ich gute Samen, die dann auch wieder gute Früchte tragen.

Wolfgang

Ja, aber wie kann ich meine Gefühle kontrollieren, Johannes?

Johannes

Wieder fühlen lernen, darauf beruht meine Arbeit Wolfgang. Darauf beruht meine Arbeit mit den Menschen. Ich bringe Körper/Geist und Seele wieder im Einklang, öffne das dritte Auge, damit der Blick in die Seele und in die Gefühlswelt wieder frei wird.

Wolfgang

Welche Rolle spielt da die Wahl der richtigen Worte?

Johannes

Eine wichtige Frage. Natürlich spielt die Wahl meiner Ausdrucksweise, meiner Worte eine enorm wichtige Rolle. Da drinnen ist deine neue Zukunft Wolfgang. Wie hast du es zuvor so treffend gesagt:

Achte auf deine Gedanken, denn deine Gedanken werden deine Worte.

Achte auf deine Worte, denn deine Worte werden deine Taten.

Achte auf deine Taten, denn deine Taten bestimmen dein Leben.

Worte können beflügeln, aber sie können auch töten.

Wolfgang

Somit könnte ich eigentlich sagen: „Du bist, was du denkst und sprichst.", oder? Die Wahl unserer Worte ist also auch enorm wichtig im Kontext zu Energie, Spaß und Lebensfreude, zu unserer Gesundheit und Vitalität. Worte können unglaubliche seelische Verletzungen erzeugen, so gesehen, wie du sagst, auch töten. Jetzt habe ich noch eine wichtige Frage, Johannes. Was genau hat es mit der Verneinung auf sich?

09
Negative Worte wie „Verneinung" oder „muss"

Johannes

Diese Frage passt gut zum Thema und die Verneinung passt jetzt genau zum Gesprächsverlauf, denn über die Verneinung wollte ich unbedingt noch mit dir sprechen. Die meisten Menschen, vor allem Frauen, wissen immer genau was sie „NICHT wollen". Diesen Mann will ich nicht, einen Jäger will ich nicht, einen Säufer will ich nicht usw.

Komischerweise bekommen sie dann genau diese Männer > Verneinung.

Wolfgang

Bei der Verneinung steckt tatsächlich eine sehr starke negative Kraft dahinter. Warum ist das so Johannes?

Johannes

Schau Wolfgang, jetzt betrachten wir einmal genauer folgende Wörter:" ich will nicht, ..." oder „das will ich nicht ..."

Vergleichen wir den oben genannten Ausdruck wie folgt: „das will ich nicht" oder „ich will." Fällt dir etwas auf? Das Wort NICHT kommt einer doppelten Verneinung gleich. Indem ich es ausspreche oder aufschreibe erwartet mich genau das Gegenteil. Dieses Wort ist so negativ besetzt, dass es uns bei Verwendung alle in den Abgrund ziehen kann. Wörter mit Verneinungen sind für einen energiereichen Gesprächsverlauf oder eine energiegeladene Konversation nur belastend. Versuchen wir es einfach einmal. „Ich will keinen Streit".

Noch einmal, du erntest was du säst. Somit würde der obenliegende Satz für unser Unterbewusstsein bedeuten, dass du ja genau das willst, richtig? Ich will eigentlich das Wort NICHT! Es bedeutet, dass du ja genau das willst, nämlich den

Säufer, den Jäger, den XY Mann, den Streit. Verstehst du was ich meine?

Wenn man es genauer betrachtet sagt man ok, eigentlich ist das eh klar. Schwer jedoch ist nur, es aus dem eigenen und über Jahre oder Jahrzehnte eingeschliffenen Wortschatz zu ersetzen.

Wolfgang

Das ist ja alles recht schön und gut. Ich kann mich bereits sehr gut in dieses Thema hineinversetzen, Johannes. Aber trotzdem glaube ich, dass sich viele Leser damit noch wenig zurechtfinden. Vielleicht fällt dir ein Beispiel ein, welches etwas bildlicher rüberkommt?

Johannes

Du weißt ja Wolfgang, das Wort „nein" ist eines der schlimmsten Wörter der menschlichen Sprache. Das ist wie ein Computervirus. Der zerstört das gesamte Programm. Den meisten Menschen ist die falsche Anwendung und deren Auswirkung völlig unbekannt. Das zerstört ganze Familien, Freundschaften und Partnerschaften. Hier ein Beispiel:

Zwei Freunde beginnen zu streiten. Einer der beiden sagt zum anderen: „Ich will keinen Streit". Was bedeutet, dass jetzt wirklich für das Unterbewusstsein oder deine Seele? Die Seele kann das Wörtchen „nein" nicht verstehen.

Betrachten wir den Satz einmal anders: „Ich will nicht streiten". Jetzt schreiben wir den Satz ohne nicht: „Ich will streiten". Was bedeutet das? Ich will Streit, denn für unsere Seele bzw. unser Unterbewusstsein ist das Wort „nein" unfassbar.

Ein weiteres Beispiel: „Wolfgang, denke bitte einmal nicht an einen rosaroten Elefanten".

Hallo, du sollst „nicht" an den rosaroten Elefanten denken!

Verstehst du nun was ich meine? Wir sind bejahend auf die Welt gekommen, verneinend macht krank und zerstört. Hier weitere Beispiele: "Kind verbrenn dich nicht!" „Bub, fall nicht runter vom Baum!" Was irgendwann passiert kannst du dir ja ausmalen!

Wolfgang
Da gibt es ja dann auch noch das schöne Wort „muss".

Johannes
Ja, auch dieses Wort verbirgt einiges an Stress. Am schlimmsten ist es, wenn man abends ins Bett geht und man sagt folgende Worte zu sich selbst: „Morgen muss ich das und jenes usw.". Damit ist ein unruhiger Schlaf schon vorprogrammiert. Der kommende Tag besteht dann nur mehr aus Chaos, Energiemangel und Unausgeglichenheit. Chaos erzeugt durch Ursache und Wirkung wieder nur Chaos sowie Angst und Stress.

Wichtig:

Das Wort „muss" sollte sofort ersetzt werden durch „ich kann, wenn ich will".

Bitte sprich dieses Wort „muss" einmal aus. Was passiert in deinem Inneren – Trauma, Angst und Druck, richtig?

Und jetzt sprich einmal „Ich kann, wenn ich will". Wie fühlt sich das in dir an? - Entspannung, Ruhe und Ausgeglichenheit. Somit produzierst du einen entspannten und produktiven Tag.

Man stelle sich vor, durch das Wort „muss" ist immer Druck vorhanden. Verstehst du nun warum sich die Menschen immer krank fühlen? Das ist der Auslöser für die meisten chronischen Belastungen und Krankheiten.

Das schwächste Glied bricht zuerst, ganz nach dem biologischen Schwachpunkt des Menschen. Bei ständigem Druck und Stress bricht irgendwann einmal das schwächste Glied.

Wolfgang

Wie ist das Wort „muss" eigentlich entstanden?

Johannes

Die Geschichte begann schon in der Versklavung. Kaiser, Könige und Pharaonen hatten immer die Freiheit zu sagen, „Ich kann, wenn ich will." Die Sklaven wurden immer gezwungen das oder jenes tun zu müssen. Und das hat sich in den Köpfen der Menschen bis heute durchgesetzt. Die reine und moderne Versklavung hat sich manifestiert.

Wolfgang

Das bedeutet Johannes, dass auch unser Bildungssystem das irgendwann ändern sollte, habe ich das richtig verstanden?

Johannes

Du hast es auf den Punkt gebracht, Wolfgang. Dadurch würden uns viele, viele Probleme erspart bleiben. Würde man Ursache und Wirkung ebenfalls noch in den Lehrplan integrieren, würden wir alle in Frieden und Harmonie leben.

Wolfgang

Aber diesbezügliche Änderungen würden die Welt total positiv verändern.

Johannes

Tja Wolfgang, unsere Arbeit besteht ja auch darin, den Menschen, unseren Klienten, die Hintergründe dieser so wichtigen Worte und Sätze verständlich zu machen. Nur so können wir eine großartige Veränderung herbeiführen. Denn ansonsten bleiben die meisten Menschen dem großen Plan ausgeliefert.

Wolfgang

Stimmst du mir zu Johannes, wenn ich sage, dass die Ohnmacht der Menschen sie in eine Stresssituation treibt? Besonders diese nachfolgenden Beispiele (über die wir in diesem Buch noch sprechen werden) sind Fälle von unseren Klienten und spiegeln genau diese Ohnmacht wieder. Es ist unglaublich, was uns über TV und Printmedien, aber auch über das Internet vermittelt wird. Beim Internet ist es ja etwas einfacher, denn da kann ich mir aussuchen, welche Wahrheit ich lesen möchte.

Auch das Umfeld als Unternehmer wird immer schwieriger. Einerseits durch verwirrende Steuermodelle und ausufernde Administrationen, auf der anderen Seite durch den richtigen Umgang mit belasteten Mitarbeitern. Die Politik fordert vom Unternehmer zwar seit Jahren einen menschlicheren Umgang, ist aber selbst Produzent dieser Belastungen.

Das ist der Grund, warum viele unserer Klienten Unternehmer sind und unsere Vorträge und Seminare nutzen und umsetzen. Die von dir bearbeitete Thematik leistet ja bereits einen großen Beitrag zu unserem betrieblichen Gesundheitsmanagement.

Johannes

Leider ist das so. Wie du richtig sagst, beginnt das Problem ja schon im familiären Umfeld. Von dort werden die belastenden Themen auch in die Betriebe mitgenommen.

Wolfgang

Betrachten wir einmal unsere Familien. Reichte es vor rund 30 Jahren noch, dass der Mann als Familienoberhaupt das Geld heimbrachte, so ist jetzt auch die Partnerin gezwungen, ihren Teil zum Familieneinkommen beizutragen. In den meisten Familien ist es unmöglich, mit nur einem Verdienst auszukommen. Schon nach der Karenzzeit werden die Kinder den Eltern durch manipulative und fadenscheinige Anreize entzogen. Die Erziehung und Verantwortung unserer Kinder übernehmen zusehends Krabbelstuben, Kinderhort oder Kindergärten. Übergangslos folgen Volks-, Mittel-, und höhere Schulen bzw. Unis. Wer hat schon jemals wirklich hinterfragt, was es mit diesen Ganztagsschulen auf sich hat? Es wird für die Frauen immer schwerer ihre Mutterrolle ausüben. Mutter, Kind und Familie als erste und wichtigste gesellschaftliche Instanz, werden total entzweit. Dadurch, dass die Frauen schon dermaßen indoktriniert sind, wird es als selbstverständlich angenommen. Die Politik stellt uns Krabbelstube und Kindergarten als Errungenschaft dar. Es gibt sogar finanzielle Anreize für die Familien, ihre Babys so früh als möglich in einer Krabbelstube abzugeben.

Johannes

Ja, wenn es alle machen, dann machen wir es halt auch, oder? Im Unterbewusstsein jedoch spürt jede Mutter den Verlust des Kindes und spätestens, wenn die Kinder den Haushalt verlassen haben, wird allen bewusst, was ihnen dadurch verloren ging. Die versäumte Kinderzeit im Schoße der Familie bleibt für immer verloren. Dadurch entsteht in Wirklichkeit schwerer seelischer Stress. Warum glaubst du Wolfgang, leben die Menschen, das Volk in so einer Ohnmacht oder Lethargie?

Wolfgang

Ja weil alle Angst haben, in solchen Fragen außerhalb der Gesellschaft zu stehen, schief angeschaut oder gar ausgestoßen zu werden. Den meisten Menschen geht es nur mehr darum, ihre aufgesetzte Maske zu wahren. Sie spielen eine bestimmte Rolle, die sie sich selber einstudiert haben, nur um der Gesellschaft zu entsprechen, um ihr Ego zu polieren. Die Seele verkümmert dabei vollends.

Johannes

Beim Impfen ist es ja ähnlich, Wolfgang, das kennst du durch deine Klienten ja ebenfalls sehr gut. Wir sprechen ja so oft darüber. Die meisten Familien billigen die verheerenden Impfaktionen schon alleine deshalb, um ihr sogenanntes Ansehen in der Gesellschaft zu wahren. So nach dem Motto, wenn es alle machen, die Ärzte sagen, dass es gut ist und die Politik Impfaktionen fördert, dann wird das schon ok sein. Stell dir vor wie das aussieht, wenn die Tochter oder der Sohn als einziges Kind in der Schule ungeimpft wäre? Unvorstellbar, oder? Das stellt schon eine Belastung dar in der Gesellschaft.

Wolfgang

Ja, immer wieder erzählen mir Eltern davon, sich so zu fühlen als würden sie zwischen zwei Stühlen sitzen.

Ein Thema ist auch der sich ausweitende finanzielle Druck, der viele Gefühle abschnüren kann (Der Kontakt zur Seele, zur Gefühlswelt wird unterbrochen, wir leben nur noch im Ego Modus).

Viele Frauen haben Angst vor einer Geburt, aus der Annahme heraus, dass ihnen Geld und Zeit fehlen für ein Kind. Viele sind aus finanziellen Gründen und Druck dermaßen in ihrem Beruf verstrickt (Ersatzhandlung), dass sie den Zugang zu ihrer Seelenebene verloren haben. Fehlt der Seelenbezug, fehlen die natürlichen Instinkte und der Kinderwunsch bleibt unerfüllt.

Johannes

Manche gehen dann sogar so weit, dass sie sich nach einer Schwangerschaft sogar für einen Geburtenabbruch entschließen. Andere werdende Mütter werden aus gesellschaftlichen Gründen regelrecht in eine Abtreibung gezwungen. Irgendwann wird diesen Frauen ihr Handeln bewusst. Meist so ab dem 40. Lebensjahr benötigen diese Frauen psychologische Betreuung bis hin zu schweren Medikamenten.

Wolfgang

Ja Johannes, wir sehen das ja immer wieder auch bei unseren Klienten. Es ist eine große Herausforderung für uns, eine gute Aufklärung zu leisten. Es stellt sich oft die Frage, wie weit kann man in einer Aufklärung zum jeweiligen Zeitpunkt gehen? Was ist mein Klient zum gegebenen Zeitpunkt imstande psychisch zu vertragen.

Weniger ist oft mehr. Wir sprechen dann immer vom Weg der kleinen Schritte. Daher finde ich unsere Kooperation unglaublich wichtig. Denn erst durch deine Arbeit schaffen es die Menschen, wieder den Zugang zu ihrer Seele zu erlangen. Das ist sehr wichtig, denn irgendwann wird der Druck zu groß, der Spagat zwischen Ego und Seele zu weit und dann fällt die Maske, es kommt der Tag der Erkenntnis. Das geschieht dann, wenn man aus wie auch immer gearteten Gründen einfach müde wird, weiter eine ungewollte Rolle zu spielen oder gar krank wird. Bei vielen Menschen geschieht es, wenn überhaupt erst am Sterbetag.

Johannes

Wir könnten noch über hunderte Beispiele aus unserer Praxis plaudern. Du weißt ja wie das ist. Nehmen wir nur einmal einen Fall mit der Pille danach.

Alle jene Frauen, die diese „Pille danach" zur Abtreibung nehmen, bekommen einen regelrechten seelischen Knacks. Stell dir vor, was in der Seele dieser Menschen vorgeht, wenn ihnen bewusst wird, dass sie ein bereits begonnenes Leben abgebrochen haben. Stell dir vor was da passiert, Wolfgang. Hier wurde bereits ein Ei befruchtet, also sind Körper, Geist und Seele bereits vorhanden. Mit der Pille danach wird dieses Leben beendet.

Wolfgang

Da haben wir sie wieder, eine Vorgangsweise, die zur völligen Normalität wurde. Niemand hinterfragt im Grunde solche Praktiken und deren Nachwirkungen. Wir kennen viele Frauen die uns im Laufe der Therapie erzählt haben, dass sie sogar vergewaltigt wurden oder dass sie sich zu einer Abtreibung genötigt fühlten. Das Aufarbeiten dieser Traumata wird dann richtig schwer. Da kommst ja dann du wieder als wichtiger Partner ins Spiel.

Johannes

Richtig, ohne sich der Folgen bewusst zu sein (was du säst wirst du ernten). Diese Gedanken werden von der Kopfebene gesteuert (anstatt von der seelischen Ebene) und ausgeführt. Was übrigbleibt, ist eine Seelenverletzung, oft auch eine Seelenbesetzung. Das heißt, die Seelenbesetzung verhindert, dass sich später wieder ein neues Leben in der Gebärmutter einnistet. Zumeist bleibt die Seele der abgestorbenen (abgetriebenen) Eizelle als sogenannte seelische Besetzung anstatt wieder ins Licht zu gehen und die Befruchtung einer neuen Eizelle zuzulassen. Darauf näher einzugehen würde zum jetzigen Zeitpunkt den Rahmen sprengen. Doch so bleiben oft nachfolgende Kinderwünsche unerfüllt.

Aber du siehst, dies sind bleibende Stressbelastungen, die da hervorgerufen werden. Sie werden zwar bewusst verdrängt, im Unterbewusstsein sind sie jedoch ständig präsent. Wie sollen diese Menschen es schaffen, ohne Hilfe diesem Hamsterrad zu entkommen?

Wolfgang

Ja leider, Johannes, vor allem kennen wir die nachfolgenden Auswirkungen. Eine aufwendige und belastende Hormonbehandlung, nur um eine Schwangerschaft einzuleiten. Manchmal unvorstellbar, was diese Frauen alles auf sich nehmen, um ein Baby zu bekommen. Woher sollen sie denn wissen, was alles in der Zellerinnerung gespeichert ist?

Du kennst ja eines unserer Lieblingsthemen, die Ernährung. Auch durch Essen können wir sehr viel gut, aber auch sehr viel falsch machen. Die wenigsten Menschen können sich vorstellen, dass falsche Ernährung Stress für ihren Körper bedeutet. Details zu diesem Thema vielleicht später.

Das Geheimnis der Seele

10
Einfache Darstellung von Energie

Johannes

Außerdem planen wir ja auch ein Buch über Stress, Ängste und Energielosigkeit in Verbindung mit denaturierter Ernährung. Da würde das dann ja auch gut dazu passen.

Wolfgang

Ja das machen wir bestimmt in der nächsten Zeit. Und du weißt ja, jeder Mensch hat seinen eigenen Fingerprint und den gibt es nur einmal auf dieser Erde. Also bräuchte jeder Mensch seine eigene individuelle Ernährung.

Johannes

Vielleicht erklärst du einmal dein Beispiel mit dem Ofen. Somit können unsere Leser im Ansatz verstehen, wie wichtig Essen und ein gesundes Maß an Bewegung für den Abbau von Stress und Angst und somit für einen gesunden Körper sind. Sozusagen als ersten Leckerbissen auf Zukünftiges.

Wolfgang

Also ich denke, dass dieses Beispiel inzwischen fast jeder kennt. Es geht darum, die Wichtigkeit der Ernährung als Brennstoff und die Wichtigkeit des Faktors Sauerstoff verständlich zu machen.

Gut Johannes, Frage: Was benötigst du, wenn du hier zu Hause deinen Specksteinofen einheizen möchtest?

Johannes

Holz, etwas Papier zum Anzünden, eine saubere Aschenlade, und zu Beginn einen guten Zug – Sauerstoff.

Wolfgang

Da sieht man gleich den Spezialisten in dir, stimmt. Jetzt betrachten wir unseren Körper einmal etwas genauer. Unser Körper besteht aus rund 70 - 80 Billionen Zellen (Da ist sich die Wissenschaft auch noch uneinig.). Jede dieser Zellen ist ein Abbild unseres Körpers als Ganzes. Was brauchen wir Menschen zum Leben, Johannes?

Johannes

In erster Linie Sauerstoff, Wasser – da wir ja fast ausschließlich aus Wasser bestehen, Nahrung und natürlich Ausscheidung.

Wolfgang

Genau, funktioniert also fast ebenso wie der Ofen. Jede unserer 70 - 80 Billionen Zellen braucht grob erklärt Sauerstoff, Wasser und Nahrung (Proteine und Fette, etwas Kohlenhydrate) und eine funktionierende Ausscheidung. Stell dir vor, der tägliche Weg auf die Toilette bliebe uns verwehrt, wir würden innerlich regelrecht verfaulen. Was geschieht nun, wenn wir beim brennenden Ofen die Sauerstoffzufuhr öffnen?

Johannes

Er wird besser ziehen (vorausgesetzt die Aschenlade ist leer) und es wird im Raum wärmer werden. Es wird aber auch mehr Holz in einer kürzeren Zeit verbrannt. Wir können somit mehr Energie gewinnen.

Wolfgang

Genau, was geschieht, wenn wir den Schieber für den Sauerstoff schließen?

Johannes

Die Flamme wird weniger, der Ofen gibt weniger Energie ab. Wenn wir den Sauerstoffschuber ganz zumachen, wird die Flamme erlöschen, der Ofen wird ausgehen wie man bei uns sagt. Energieproduktion ist null!

Wolfgang

Richtig, was geschieht, wenn das Holz ausgeht oder wir das falsche Holz nachlegen?

Johannes

Das ist eine sehr gute und listige Frage Wolfgang. Wenn das Holz ausgeht, wird das Feuer ausgehen, das ist einfach. Lege ich das falsche Holz nach, dann werde ich mir meinen Kamin oder den ganzen Ofen beschädigen oder gar zerstören. Ich würde mir den Abzug und den Kamin regelrecht versauen. Auch dann, wenn ich das falsche Holz verwende oder zu wenig Sauerstoff habe. Das setzt aber voraus Wolfgang, dass unsere Leser wissen, wie man einen Kachelofen richtig bedient. So soll man nur sauberes Buchenholz verwenden, da es weniger Rückstände bildet und einen besseren Brennwert hat. Es ist auch wichtig, dass man beim Einheizen des Ofens genau darauf achtet, die Sauerstoffzufuhr richtig zu regeln.

Wolfgang

Stimmt genau, einfach perfekt. Was bedeutet das nun in sinnbildlicher Übertragung für unseren Körper, für unsere Zellen Johannes?

Johannes

Ich versuche das was du meinst mit meinen Worten zu erklären Wolfgang. Verwenden wir das falsche Holz > schlechte Qualität, dann belasten wir unsere Zellen, das Entgiftungssystem wird gestört und unsere Zellen verlieren die Fähigkeit, Energie zu produzieren. Die Situation wird dann noch verschärft durch einen Mangel an Sauerstoff (Bewegung). Das kann zu weiterem Energieverlust bis hin zu schweren chronischen Belastungen führen. Somit spielt also die richtige Ernährung und ein bestimmtes Maß an Bewegung eine wesentliche Rolle zum Stressabbau, richtig?

Wolfgang

Das hast du sehr gut erklärt Johannes, danke. Ich würde sagen, wir gehen gleich einmal zu unseren Praxisbeispielen über. Ich möchte das Thema Stress auch gerne noch einmal von jener Seite zeigen, wie wir sie täglich erleben.

Doch fassen wir vorweg noch einmal einige Begrifflichkeiten zusammen, um die Bedeutung von Stress besser verstehen zu können.

Das Geheimnis der Seele

11

Begrifflichkeiten und Definition von Stress ... Belastung oder Erfolgsgarant?

Es ist sehr einfach, Stress aus biologischer, medizinischer oder technischer Sichtweise zu erklären. Eine für alle verständliche, allgemeine Definition für den Begriff von Stress zu finden, ist jedoch bedeutend schwerer. Das liegt wohl daran, dass Stress so viele unterschiedliche Gesichter hat. Was Stress so schwer fassbar macht, ist quasi seine Dualität.

Was ist der biologische Sinn des Stressmechanismus

Um dies zu beantworten ist es wichtig, weit in die Vergangenheit des Menschen zurückgehen. Was vor 2,5 Millionen Jahren begonnen hat, ist heute noch ebenso. Der Mensch reagiert heute noch ebenso wie in der Steinzeit. Der Unterschied ist lediglich darin zu sehen, dass wir versuchen, uns mit dem Körper eines Steinzeitmenschen in der heutigen so stark technisierten Welt zurechtzufinden. Doch dafür sind mehrere 100 Jahre einfach zu wenig.

Unser Körper reagiert heute noch ähnlich wie jener unserer Urahnen, die Jäger und Sammler waren. In dieser Zeit war der Stressmechanismus ursprünglich lebenserhaltend. Inwieweit ist er das heute eigentlich noch? Schauen wir uns das Leben des Urzeit - Menschen etwas genauer an.

Hier ein Beispiel wie es gewesen sein könnte:

Ein Jäger und Sammler ruht sich am Waldesrand aus. Ein anstrengender Tag mit Jagd und Nahrungssuche liegt hinter ihm. Plötzlich knackt es im Gebüsch. Er dreht den Kopf, um zu sehen, woher das Geräusch kommt. Er sieht einen Bären oder Säbelzahntiger auf sich zu kommen. In Sekundenbruchteilen reagiert er, es ist überlebensnotwendig! Blitzschnell, in Sekundenbruchteilen entscheidet er, ob dieser Reiz eine Gefahr für ihn darstellt? Wenn ja, schaltet der Organismus in Sekundenschnelle, fast gleichzeitig, auf Mobilmachung um. Sein vegetatives Nervensystem arbeitet auf Hochtouren, die Muskulatur ist angespannt. Der Urzeitjäger entscheidet jetzt, ob er mit dem Bären kämpft oder die Flucht ergreift. Die bereitgestellte Muskelenergie wird von ihm zielgerecht genutzt und verbraucht. Hat er die Situation gemeistert, ruht er sich aus und schöpft neue Energie.

Belastung und Erholung in Balance > Eustress oder gesunder Stress

Grundsätzlich:

Stress ist die Anpassung des Körpers an Stressoren bzw. seine Reaktion auf diese. Somit kann gesagt werden, dass die wahre Bedeutung von Stress in seiner Ursache gesund und überlebenswichtig ist oder sein kann!

Sind alle verfügbaren Kräfte mobilisiert, ist die Aufmerksamkeit geschärft und auf ein Ziel konzentriert. In diesem Augenblick sind wir zu Höchstleistungen fähig. Der Zustand, der uns zu Erfolgserlebnissen führt, wird Eustress genannt. Er verknüpft die Freisetzung von Energie mit Glücksgefühlen. Der Urzeitjäger verhält sich in der geschilderten Situation so, dass sein Organismus die bereitgestellte Energie in Form von Bewegung (Kampf oder Flucht) nutzt und somit zielgerecht abbaut. In der darauf folgenden Ruhephase gibt der Jäger seinem Körper die Gelegenheit, die verbrauchten Energiereserven wieder aufzubauen. Er ist erschöpft und regeneriert sich.

Vergleichen wir diese Situation mit dem heutigen Menschen, der in der sogenannten Zivilisation lebt. Hier stellt sich die Frage, wer oder was stellen heute die Stressoren dar? Es sind zumeist langanhaltende Stress-Belastungen, denen die Erholungsphasen fehlen. Es sind Stress-Belastungen, auf die zumeist der Bewegungsfaktor fehlt, der so lebenswichtige Bewegungsfaktor, der auf eine Stress-Situation folgen sollte. Und somit sind wir schon mitten drinnen im Teufelskreis der modernen Zivilisation. Dem mangelhaften Abbau von Stresshormonen folgen auf

Dauer schwere chronische Belastungen. Das Wechselspiel von Anspannung und Entspannung ist verloren gegangen.

Im Schaubild ist der wellenförmige Verlauf der Eustress-Reaktion ganz deutlich zu erkennen. Dies entspricht einem natürlichen Grundprinzip des Menschen, nämlich dem ständigen Wechsel von Anspannung und Entspannung.

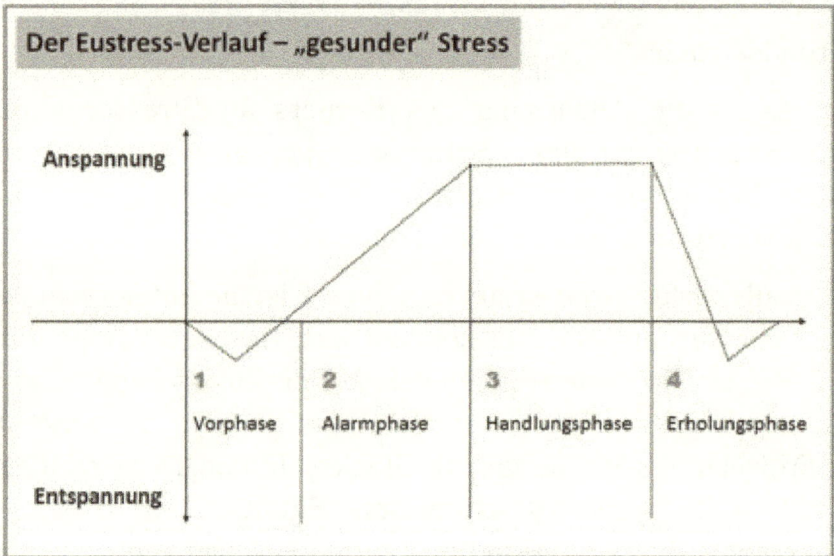

Der Eustress-Verlauf – „gesunder" Stress

Anspannung

| 1 | 2 | 3 | 4 |
| Vorphase | Alarmphase | Handlungsphase | Erholungsphase |

Entspannung

Gefährlicher Stress (Disstress) > Umgekehrtes Verhalten wie beim Eustress

Ein Übermaß an ständigem, diffusem Druck erzeugt in uns das Gefühl permanent zu scheitern (entsteht, wenn wir die Verbindung zu unserer Seele verloren haben). Wenn dann auch noch die Belohnung und/oder die Entspannung ausbleibt, fühlen wir uns wie ein Gefangener oder wie die Maus im Laufrad. Es fehlt uns die Bestätigung, für unsere erbrachte Leistung, so ganz nach dem Motto „ständig in Bewegung doch das Ziel immer in weiter Ferne." (Beispiel Bär oder Säbelzahntiger => Belohnung = überleben)

Das Geheimnis der Seele

Es ist leicht abbaubar, wenn solche Belastungen sporadisch geschehen, doch in Form von permanenten Belastungen für den Organismus eine schwere Herausforderung. Dazu all die negativen Erlebnisse, die uns im Laufe des Lebens Angst gemacht haben und im Unterbewusstsein gespeichert sind. Bei ähnlichen Angst- oder Stress-Situationen werden sie ohne Wissen des Bewusstseins hervorgerufen und in das „Hier und Jetzt" projiziert. Mit dem Ergebnis neuer Angst oder Stressbelastung!

Wir reagieren mit depressiver Verstimmung, Gereiztheit, Muskelverspannungen.

Noch zwei Generationen zuvor galten die Infektionskrankheiten wie Tuberkulose, Typhus oder Ruhr als häufigste Todesursachen. Heute sprechen wir von den so genannten Zivilisationskrankheiten, von Herzerkrankungen und Krebs, die zu tödlichen Risiken für die heutige Menschheit geworden sind.

Die Beschleunigung unseres Lebenstempos ist hier ebenso mitverantwortlich wie falsches Wertedenken sowie die Verlagerung von Existenzrisiken auf den Menschen. Ebenso die Anforderungen an räumliche und zeitliche Flexibilität jedes Einzelnen. Die heutige Zeit ist kurzlebiger, man hat sich heute oft laufend und rasch auf neue sich ändernde Situationen einstellen können. Oft brüchige Sicherheitsnetze bedeuten, ständig unter Druck zu stehen. Eben dieser Druck löst laufend neuen Stress aus.

Dauerstress ist der beste Nährboden für Krankheiten. Besonders dann, wenn der Körper verwöhnt ist, dann fehlt auch noch die Bereitschaft, die bereitgestellte Energie durch körperliche Aktivität abzubauen.

Wissenschaftler sind sich heute darüber einig, dass dauerhafter Stress die Entstehung von Krankheiten begünstigt. Hier spielt wohl die weitere Schwächung unseres Abwehrsystems eine entscheidende Rolle, da das

Abwehrsystem an sich häufig schon durch Umwelteinflüsse, einseitige Ernährung und mangelhafte Bewegung angegriffen ist. Neueste wissenschaftliche Erkenntnisse über die Dynamik von Stress zeigen immer deutlicher, auch inwieweit Stressmuster einen immer stärkeren Einfluss auf den Bewegungsapparat, im besonderen auf die Faszien der Muskulatur haben.

Die folgende Aufzählung nennt nur einen Bruchteil der Krankheiten, die durch Stress entstehen oder verschlimmert werden können:

Herz-Kreislauf-Störungen, Herzrhythmusstörungen, Atemnot, flache Atmung, Bluthochdruck, erhöhte Cholesterin- und Blutzuckerwerte, Burn-out, chronisches Müdigkeitssyndrom (CMS), oxidative und nitrosative Belastungen, mitochondriale Störungen, Arteriosklerose, Magen- und Darmerkrankungen, Verdauungsstörungen, Kopfschmerzen, Migräne, Schlafstörungen, Rückenschmerzen, Gemütserkrankungen, Schwächung des Immunabwehrsystems, Inhibitionen, Kontrakturen der Muskulatur, Afferenzen uvm.

Vielleicht kennen Sie das aus eigener Erfahrung?

Überlegen Sie sich doch einmal in Ruhe, wann Ihre Rückenschmerzen, Kopfschmerzen, Magenschmerzen oder kleineren Krankheiten in besonderem Maße auftreten.

Je klarer die Zusammenhänge zwischen bestimmten Belastungen sind, umso gezielter können Sie dagegen vorgehen.

Hier einige Beispiele

Situation/Belastung/Reiz:	persönliche Reaktion:
z. B.: finanzielle Probleme	körperlich, seelisch, muskulär
	starke Kopfschmerzen

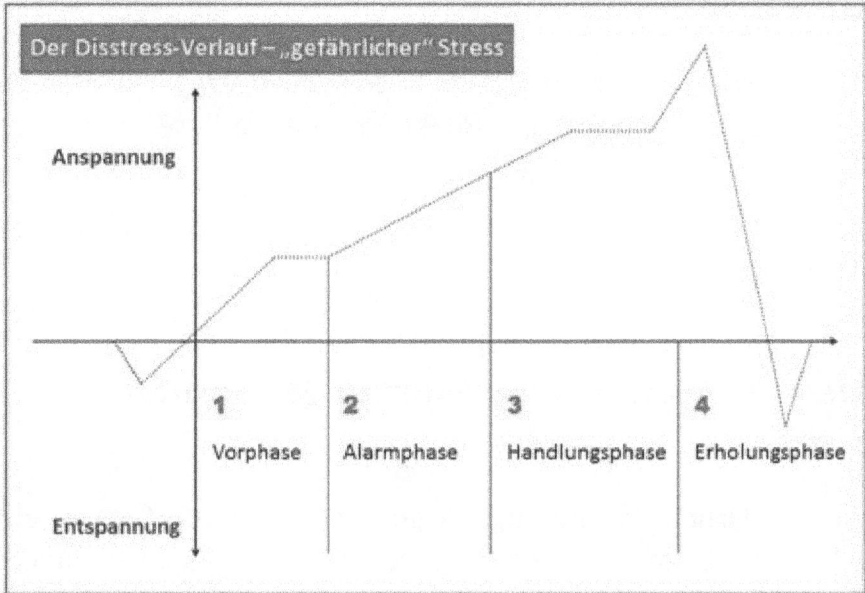

Der Disstress-Verlauf – „gefährlicher" Stress

Anspannung

| 1 | 2 | 3 | 4 |
| Vorphase | Alarmphase | Handlungsphase | Erholungsphase |

Entspannung

Bleiben wir beim allgemeinen Begriff von Stress:

Stress ist also ein viel strapazierter Begriff, der inzwischen von fast allen Menschen gebraucht und ganz salopp verwendet wird. Er wurde uns schon dermaßen indoktriniert, dass die Frage gerechtfertigt ist, wissen wir was er tatsächlich bedeutet? Unsere Redensarten zeigen viele Facetten und Schichten eines Begriffs, der vor rund fünfzig Jahren in unsere Alltagsprache Einzug gehalten hat.

Heute hat das englische Wort „Stress" voll Einzug in unser Vokabular gehalten. Es ist zum Ausdruck unserer Gesellschaft geworden.

Was meinen wir eigentlich, wenn wir Stress sagen?

Das Wort leitet sich lateinisch ab von „stringere" = anspannen, psychische + physische Reaktion auf äußere Reize bei besonderen Anforderungen. [1]

Aus der Werkstoffkundekommens bedeutet es Druck + Zug auf Material.

Also im Kontext zu unserem gemeinten Stress:

Angst, Druck, Spannung, Ärger, Zeitnot? Ist Stress eine aggressive Stimmung, ein äußerer Einfluss oder ein innerer Zustand?

Neuerdings sprechen wir auch von Freizeitstress oder von Rentnerstress – das ist natürlich nur ironisch gemeint. Obwohl laut den meisten Statistiken das Erwerbsleben als die Hauptquelle von Stress dargestellt wurde, weiß man aber inzwischen, dass es bedeutend mehr Quellen gibt.

In erster Linie zu erwähnen ist die unglaublich rasante Entwicklung der Medien wie Internet, Smartphone und TV. Der laufend starke Einfluss auf das sich Darstellen in den sozialen Netzwerken wie Facebook, Twitter, Instagram uvm.

Aber auch die Klassiker wie z. B. Behördengang oder Rushhour, Weihnachtsfeier oder Lektüre einer Bedienungsanleitung – in unserer Lebenswelt kann beinahe jede Situation Stress auslösen. Ja sogar von den Kindergartenkindern wird dieser Begriff bereits geprägt. Vom Kindergartenkind bis zum Erwachsenen, von der Hausfrau bis zum Manager.

---

1   Physiker Hans Selye – 1936

Jeder hat ihn, Stress ist offenbar eine Erscheinung der heutigen schnelllebigen Zeit. So sehr uns all diese Errungenschaften auch den Alltag erleichtern, so leiden doch immer mehr Menschen darunter. Manche sind ja sogar noch stolz darauf "Stress zu haben", denn somit leistet man etwas, man gilt als wichtig.

Also fassen wir kurz zusammen:

Ob wir etwas als Stress empfinden, hängt in erster Linie davon ab, wie Sie die Situation bewerten bzw. die daraus resultierenden Verhaltensweise.

Wichtig:

> Es erscheint völlig unwichtig, wie sich eine Situation objektiv darstellt, sondern vielmehr geht es darum, wie wir sie betrachten!

Mit Stress bezeichnen wir meistens Reize, Belastungen oder Druck. Wissenschaftlich meint Stress aber den Zustand, in dem wir uns aufgrund einer Belastung oder eines Reizes befinden. Die Ursache nennt man auch „Stressor".

Die Stressreaktion darauf:

Ich gehe davon aus, dass die auf mich zukommende Situation von mir nur unzureichend beherrscht werden kann.

Wer oder was ist mein Säbelzahntiger von heute?

Stressoren = Belastungen, Reize

physikalisch:	Kälte, Hitze, Lärm, grelles Licht, Verletzungen
toxisch:	Rauch, Smog, Alkohol, Kaffee, Sauerstoffmangel, Medikamente
psychisch:	Angst, Trauer, Verlust
emotional:	Erwartung, Befürchtung, Selbstzweifel, Unsicherheit
psychosozial:	Scheidung, Armut, Mobbing, Schmerzen, Zeitmangel, Überforderung
komplexe Umstände:	Konflikte in Familie, Beruf, Freundeskreis, Trennungen, Zeitdruck, Erfüllungs-Leistungsdruck, ...

12
Stress
nach med.
Kenntnissen

Was bedeutet Stress für meinen Körper?

Da wird es nun schon etwas schwieriger, die komplexen Abläufe von Stress in unserem Organismus bildlich darzustellen. Denn auf Stress, egal ob Eustress oder Disstress, reagiert unser Körper immer nach einem bestimmten Modell, denn Stress bedeutet Energieanforderung.

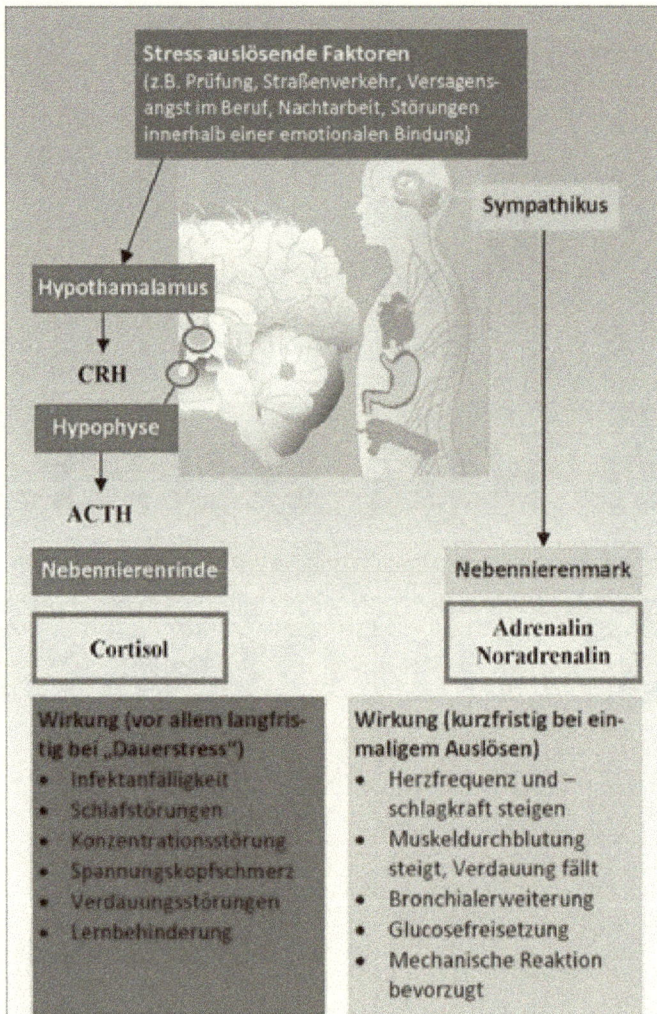

Stress auslösende Faktoren
(z.B. Prüfung, Straßenverkehr, Versagensangst im Beruf, Nachtarbeit, Störungen innerhalb einer emotionalen Bindung)

Sympathikus

Hypothamalamus

CRH

Hypophyse

ACTH

Nebennierenrinde

Nebennierenmark

Cortisol

Adrenalin
Noradrenalin

Wirkung (vor allem langfristig bei „Dauerstress")
- Infektanfälligkeit
- Schlafstörungen
- Konzentrationsstörung
- Spannungskopfschmerz
- Verdauungsstörungen
- Lernbehinderung

Wirkung (kurzfristig bei einmaligem Auslösen)
- Herzfrequenz und – schlagkraft steigen
- Muskeldurchblutung steigt, Verdauung fällt
- Bronchialerweiterung
- Glucosefreisetzung
- Mechanische Reaktion bevorzugt

Die Reaktion auf Stress (Stressreaktion) ist somit die körperliche und seelische Reaktion auf die Einwirkung von

Stressauslösern (Stressoren), die das innere Gleichgewicht (die Homöostase) stören. Dabei unterscheidet man unter akuten und andauernden Belastungsreizen.

Die Stressreaktion wird ausgelöst durch die Hypothalamus – Hypophysen – Schilddrüsen – Achse. Der Hypothalamus aktiviert den Sympathikus (Erregung des Nervensystems > auch als Arbeitsnerv bezeichnet). Es beginnt eine sogenannte Hormonkaskade.

Das bedeutet und beginnt mit der Leistungssteigerung der Muskulatur > Hemmung der Ruheorgane > Adrenalin und Noradrenalin verstärken die Wirkung des Sympathikus > verstärkter Blutzucker wird freigesetzt (Glykogen, Abbau in Muskeln und Leber) usw.

Anders betrachtet oder dargestellt:

Wie Sie ja bereits gelesen haben, ist Stress ein uraltes Programm unserer Gene, das nach einem eindeutigen biologischen Muster abläuft. Es ist wissenschaftlich erwiesen, dass bei Menschen, die sich in einer Stresssituation befinden, unabhängig von der Art und Herkunft der Stressoren, in ihrem Körper ein automatisches Programm aktiviert wird.

„Plötzlich sind wir auf 180!", sagt der Volksmund und trifft den Nagel auf den Kopf. Blitzschnell hat der Organismus Körper, Geist und Gefühle unter Hochspannung gesetzt. Das Nervensystem steuert eine komplizierte Kette von körperlichen und hormonellen Reaktionen, die über den Sympathikus (auch Arbeitsnerv genannt) aktiviert werden. Herzschlag, Atmung und Blutdruck steigen, aus den Speicherzellen (Leber und Muskulatur) werden Blutfette und Zucker abgerufen. Das Immunsystem, die körpereigene Abwehr, wird durch das Hormon Cortison kurzfristig geschwächt und die Stoffwechselaktivitäten werden beschleunigt. Dies alles geschieht in einer fast unvorstellbaren

Geschwindigkeit – eben blitzschnell (Lichtgeschwindigkeit). Die Leistungsbereitschaft des Menschen ist auf dem Höhepunkt, alles ist zur Handlung bereit. Alle aufgezählten Effekte ordnen sich dem Ziel unter den Menschen auf eine Muskelbetätigung vorzubereiten.

Wie wirkt diese Hormonänderung im Körper?

Adrenalin, das Stresshormon schlechthin, schafft die Voraussetzung zur raschen Bereitstellung aller mobilisierbaren Energiereserven.

Wirkung I

verengt Blutgefäße, Haut und Nieren; erhöht Blutdruck; erhöht Pulsfrequenz > Belastung für Herz und Gehirn

Symptome I

Herzklopfen, Druck im Kopf, Kopfschmerzen, Migräne, Beklemmungsgefühl, Druck in der Brust, Gänsehaut, Schweißausbruch

Wirkung II

erhöht Atemfrequenz; erweitert Bronchien - Anspannung der quergestreiften Muskulatur

Symptome II

Gefühl der Atemlosigkeit, Verkrampfung der Muskeln, z. B. Extremitäten + Nacken und Rücken; Spannungsgefühl, Muskelschmerzen, Gelenksschmerzen (gesteigerte verkrampfte Mimik) - Rückenschmerzen, vegetatives Nervensystem

Wirkung III

verminderte Durchblutung von Magen und Darmtrakt, Genitalbereich, Erschlaffung der glatten Muskulatur, verminderte Produktion von Speichel + Galle + Säften der Bauchspeicheldrüse > verminderte Verdauung, verminderte Peristaltik

Symptome III

Verdauungsstörungen, Völlegefühl, Steigerung des Blutzuckerspiegels, trockener Mund, enge Kehle, verminderte Libido, Potenzstörungen, Menstruations-Störungen

Wirkung IV

verminderte Hautdurchblutung, erhöhter Energieumsatz, verminderte Produktion von Tränenflüssigkeit

Symptome IV

schlechtes Hautbild, Haarausfall, Pupillen erweitert, Augen trocken, gerötet, entzündet, gesteigerter Fettaufbau, Müdigkeit, Kraftlosigkeit, Erschöpfung, Ruhelosigkeit, Nervosität, Angst, Scheue

Wirkung V

verminderter Kaliumspiegel, verminderter Magnesiumspiegel, Schwächung des Immunsystems

Symptome V

Herzrhythmusstörungen, Muskelkrämpfe, Wadenkrämpfe, gehäufte Infektionen, Autoimmunerkrankungen, Krebs, Übergewicht

Wirkung + Symptome anderer Hormone

a)   verminderte Produktion von Melatonin> Schlafstörungen

b)   Progesteronmangel

c)   verminderte Produktion von Östrogen

d)   verminderte Produktion von Serotonin = Depressionen

Stress – Sensibilisierung

Je öfter gleicher Stress, umso früher + intensiver die Stressantwort!

13

Problem -
Wahrnehmung

Einer der Hauptgründe für die Entwicklung chronischer Erkrankungen durch Stress liegt in der falschen Wahrnehmung der Stressoren. Hier einige Beispiele:

Stress erreicht in der heutigen Gesellschaft absolute Höchstwerte:

- 20 – 30 %[1] der Berufstätigen regelrecht „ausgebrannt"
- Schlafstörungen weit verbreitet
- „Ausraster" und „Amokläufe" an der Tagesordnung

Krankheiten und Ausgaben im Gesundheitsbereich erreichen Höchstwerte

- Ausgaben der KK in D & A: 258 Mrd. €
- Weitere 72 Mrd. € privat finanzierte Leistungen
- 2,43 Mio. Pflegefälle zu Hause und in Heimen[2] – Tendenz: stark steigend

Unglückliche und depressive Menschen werden immer mehr

Nur 13 % sind motiviert bei der Arbeit – 87 % haben innerlich gekündigt[3]; große Sorgen um:

- Wirtschaftslage (58 %)
- Pflegebedürftigkeit (53 %)
- Erkrankung (51 %)
- Arbeitslosigkeit (48 %)[4]

---

1   Focus.de
2   Stat. BA, Pflegestatistik 2014
3   Gallup-Studie 2005
4   Statista, „Die Ängste der Deutschen"

Neue Krankheiten etablieren sich, z. B. Stress, Burn-out

- Stress als Vorstufe zu vielen Krankheitssymptomen
- „Stress" als Vorstufe zum sogenannten „Burn-out-Syndrom"
- 2010 mehr als 83 Millionen Einträge dazu in der Google Suchmaschine, 2006 waren es noch 21 Millionen
- WHO prognostiziert, dass stressbedingte Erkrankungen bis zum Jahr 2020 mindestens sooft vorkommen wie Herzkreislauferkrankungen
- Krankenstände stiegen von 1997 bis 2004 um 70 %, von 2004 bis 2008 um weitere 70 %, davon rd. 18 % stressbedingt

Eine Umfrage in Österreich

- 83 % der Österreicher fühlen sich gestresst
- 71 % klagen über Rheuma, Rücken- oder andere Gelenksschmerzen
- 31 % über Kopfschmerzen oder Migräne
- 25 % über Wetterfühligkeit
- 22 % über Schnupfen
- 21 % leiden an Herzkreislaufproblemen
- 21 % leiden an Schlafstörungen

Die langen Wellen der Konjunktur, alle 50 Jahre eine neue Epoche

(einheitliche Aussagen der Trendforscher in USA und Europa, A. Nefiodow und J. Naisbitt)

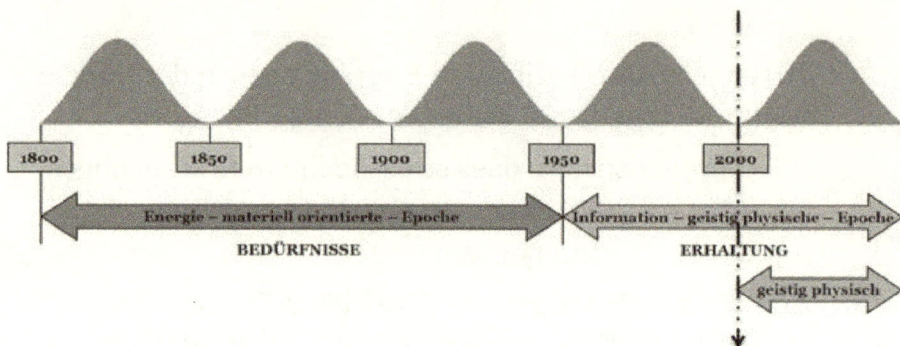

- 1950 Telefon m. Wählscheibe
- 1955 Fernseher
- 1969 erstes Kernkraftwerk
- seit 1971 E-Mail
- 1972 USD wird zur offiziellen Leitwährung (der Geldhandel mittels Computer verändert die Wirtschaftswelt)
- seit 1992 GSM Netz oder Handy
- seit 1993 Internet
- 2000 Globalisierung voll im Gange (Erhaltung der Gesundheit)
- 2000 absoluter Durchbruch des Internet zum Kommunikationsinstrument Nr. 1

Ab dem 2. Weltkrieg Wiederaufbau und die Möglichkeit für viele Menschen in Mitteleuropa sich Luxus und Wohlstand zu erarbeiten. Ausbildung, Wissen, ...

Mit diesem Wohlstand entwickelte sich auch das Streben nach mehr GELD (Luxus). Verändertes Wertedenken der Gesellschaft > Stress als Krankheit entwickelt sich.

Geistig psychische Epoche bedeutet, die Herausforderung des Menschen durch z. B. Internet zu bestehen. (Mobbing, Entmoralisierung, Abbau zwischenmenschlicher Beziehungen durch das WWW und E-Mails, ...)

Anfang des 21. Jahrhunderts: Geld hat sich aus dem realen Wirtschaftsbereich entkoppelt.

14

Belastende

Lebenssituationen

erkennen

Auf den kommenden Seiten möchte ich mich gemeinsam mit Ihnen an dieses Phänomen herantasten.

Lernen Sie mit uns, den Umgang mit den für Sie persönlich belastenden Lebenssituationen.

Wann fühlen wir uns gestresst, was schwächt uns energetisch?

Bevor Sie nun weiterlesen, wäre es sinnvoll, wenn Sie sich einmal kurz darüber Gedanken machen, was Sie persönlich unter Stress oder Energielosigkeit verstehen. Schreiben Sie Ihre Erfahrungen und Ihre Gefühle dazu einfach einmal auf.

Persönliche Notizen:

Fällt Ihnen etwas auf?

Besonders in Bezug auf die Antworten der ersten Frage: „Wann fühlen wir uns gestresst, was schwächt uns energetisch?" Also die Aufzählung der Stressoren! Ist es Ihnen auch so ergangen, dass Sie Stress und Belastung/Stressor in der Begrifflichkeit vermischt haben? Um die Stressbewältigung aktiv zu betreiben, ist es wichtig, dass Sie sich genaue Gedanken zu Ihren persönlichen Belastungssituationen in Beruf und Alltag machen.

Auf unserer Webseite www.careva.org/fragebogen haben wir für Sie einen Fragebogen bereitgestellt, der Sie in erster Linie zum Nachdenken anregen soll.

Kontrollieren Sie, inwieweit die einen oder anderen Aussagen auf Sie zu treffen.

Entscheiden Sie, wie häufig eine Situation bei Ihnen auftritt und wie störend Sie diese empfinden. Lassen Sie sich genügend Zeit und ergänzen Sie die fehlenden Aspekte aus Ihrem eigenen Alltag. Dafür dienen die freien Zeilen am Ende der Tabelle.

Vielleicht ist Ihnen aufgefallen, dass Sie bei der Beantwortung der Fragen Belastungen und Stressoren als unterschiedlich störend empfunden haben.

Aber WICHTIG, sie zeigen ihre Wirkung und somit ist klar, dass sie im wissenschaftlichen Sinne Stress erzeugen. Auch wenn es in Ihrem Unterbewusstsein passiert! Dieses Phänomen treffen wir immer wieder bei unseren Klienten an. Auf die Frage, ob sie Stress haben oder unter emotionalen Belastungen leiden, erhalte ich als Antwort zumeist: "Also Stress habe ich keinen!"

Verstehen Sie, was ich meine?

Wir alle, Frauen wie Männer, verdrängen ihn gerne, er wird zur Selbstverständlichkeit. Denn wenn wir uns aller unserer Stressoren bewusst wären, würden wir praktisch ausflippen. Doch in unserem Gehirn sind sie gespeichert und über die Jahre leiden unsere Organe, unsere Muskeln und auf einmal werden wir mit Vitalitätsproblemen und Gesundheitsentgleisungen konfrontiert, auf die wir mit Unverständnis reagieren.

Dann sprechen die Mediziner wieder gerne von den sogenannten chronischen Erkrankungen. Die Ursachen sind unklar, allerdings erwartet sich jeder, dass die klassischen zumeist medikamentösen Behandlungen Erfolg zeigen.

Die Dosis macht das Gift

Wäre es nun gut, Stress zu vermeiden? Blieben wir dann vital und energievoll?

Wichtig: Stress gehört zu den Grundzügen unseres Nervensystems. Die Bewältigung von Aufgaben, einhergehend mit Belastungen und Herausforderungen, sind ein Zeichen von Vitalität und Lebendigkeit. Wären wir immun gegen Emotionen und Antrieb, wären wir immer nur stoisch und in Ruhe, dass würde früher oder später zum Tod führen! Stress im Leben ist wie das Salz in der Suppe. Jeder Mensch benötigt ein bestimmtes Maß an Stress, anders wäre es mit dem Leben unvereinbar!

Wie gesagt, die richtige Dosis macht es aus, optimal statt maximal heißt das Motto.

Wohldosierter Stress verbessert die Stresstoleranz, die Stressresistenz. So steigert Stress die Schaffenskraft und Kreativität in uns. Eine permanente Unterforderung bewirkt ebenso eine Leistungsminderung wie eine dauerhafte Überforderung. Wissenschaftler haben festgestellt, dass der Körper bei einem mittleren Belastungsniveau am besten funktioniert. Dieser Aussage fehlt allerdings die allgemeingültige wissenschaftliche Grundlage. Was bedeutet schon mittleres Belastungsniveau? Wann erreicht man das, wie kontrolliert man das?

Hier spielen die individuellen Voraussetzungen und Persönlichkeitsstrukturen die entscheidende Rolle. Sie selbst spüren es, wenn Sie Ihrem Körper dauerhaft Höchstleistungen abverlangen und dabei die lebenswichtigen Regenerationsphasen überspringen.

Frage: Fahren Sie Ihren Pkw permanent mit überhöhten Drehzahlen?

Schaffen Sie die Seelenverbindung! Das ist der einzige und richtige Weg, um ein optimales Belastungsniveau zu erreichen!

Anders ausgedrückt, stellen Sie fest, in welchem Stressbereich Sie sich befinden.

Fühlen Sie sich wohl und gutgelaunt? Haben Sie abends noch Energien, um etwas zu unternehmen? Spornt die Arbeit Sie an und macht das Leben Spaß? Erreichen Sie die gesteckten Ziele ohne große Mühen? Sind Sie mit sich selbst zufrieden? Hört man Sie häufiger einmal lachen? Ja, dann können Sie sicher sein, dass Sie sich zumindest im mittleren Stressbereich finden.

Oder geht es Ihnen eher so?

Abends sind Sie müde und ausgelaugt, lustlos! Sie wollen nur noch die Füße hochlegen und fernsehen! Die Arbeit erledigen Sie ohne Motivation und Freude. Es häufen sich Fehler trotz großer Anstrengungen! Sie sind unzufrieden mit sich selbst! Die Nerven liegen blank! Die kleinste Kritik bringt Sie auf die Palme! Sie schlafen unruhig! Ab und zu haben Sie Herzstechen und Atemnot, so als ob jemand Ihnen die Kehle zuschnürt! Das Lachen ist Ihnen schon lange vergangen!

Seien Sie vorsichtig! Hier zeichnet sich eine deutliche Über- bzw. Unterforderung ab. Handeln Sie, um den Zusammenbruch zu vermeiden.

Das Geheimnis der Seele

15

Änderung alter Verhaltensmuster auf der Körper - Geistebene

Damit Sie den Stress besser bewältigen können, hilft es Ihnen grundsätzlich, einmal auf Ihr Verhalten zu achten.

Es geht dabei darum, einmal einen Anfang zu machen, zu sich zu finden, sich selbst und Ihren Körper wieder spüren zu lernen.

Erfahren Sie wie es ist, wenn Ihre Gefühlsebene anstatt des Egos sagt, wo es langgeht.

Lernen Sie zu verstehen „Wo stehe ich?" und welchen Stresslevel Sie bereits erreicht haben. Gehen Sie achtsam mit Ihrem Verhalten um.

Jeder Weg beginnt mit dem 1. Schritt. Versuchen Sie Schritt für Schritt zu gehen. Setzen Sie sich bei der Umsetzung erreichbare Ziele, solche die Sie erfreuen. Denken Sie an den Urmenschen nach der Konfrontation mit dem Stressor. Wo ist Ihr Belohnungssystem? Die vielen kleinen Freuden sind das Belohnungssystem, dass Sie weiterbringt.

Die Sprache ihres Körpers verstehen lernen

Es geht darum, ein auf Ihre Bedürfnisse und Ihren Alltag gesundes Mittelmaß zu finden. Das bedeutet vor allem, alte Verhaltensweisen aufzugeben und neue Verhaltensweisen zu erlernen, um den Belastungssituationen angemessen zu begegnen.

Alle Signale, die uns der Körper aussendet, sind eine Aufforderung hinzuschauen, in welchen Bereichen wir achtsam sein oder sogar etwas ändern dürfen. Sie sind also eine Information, die uns die Seele übermittelt. Körper und Seele hängen untrennbar miteinander zusammen. Wenn wir uns überlastet fühlen, Konflikte unlösbar erscheinen, Kummer und Probleme uns bedrücken, schüttet unser Gehirn ständig die Stresshormone Adrenalin und Kortisol aus. Dadurch werden sowohl die Abwehr- als auch die körpereigenen Heilungskräfte negativ beeinflusst.

Diese Zusammenhänge bestätigt auch die moderne Hirnforschung. Mittels Kernspintomographie kann heute sichtbar gemacht werden, wie die einzelnen Organe auf Veränderungen im Gehirn, die durch Gefühle verursacht werden, reagieren.

So reagieren unsere Organe auf Emotionen:

- sich etwas zu Herzen nehmen
- etwas ist uns über die Leber gelaufen
- etwas geht an die Nieren
- die Galle geht über
- etwas nimmt einem die Luft
- die Hosen voll haben
- auf den Magen schlagen
- die Sprache verschlagen

Achten Sie bitte auf die Signale Ihrer Organe. Ob Magenschmerzen, Bluthochdruck oder nur ein Schnupfen - jede chronische Belastung beeinträchtigt uns in unserem Alltag und in unserer Lebensqualität beträchtlich. Doch körperliche Beschwerden und Erkrankungen sind genau genommen eine Chance, denn sie geben uns die Möglichkeit herauszufinden, was in unserem Leben unstimmig ist. Es ist weder Schicksal noch Strafe, wenn Ihnen körperliche Beschwerden zu schaffen machen. Sehen Sie vielmehr die körperlichen Symptome als eine Art Wegweiser zu den Ursachen. Auf diese Weise ermöglicht Ihnen die Belastung oder Krankheit, das Übel an der Wurzel zu packen, indem Sie das krankmachende Verhalten ändern. Denken Sie an die Worte von Johannes. Versuchen Sie bewusst Ursache und Wirkung zu hinterfragen.

Achten Sie darauf, wie Ihr Körper, Ihre Seele zu Ihnen spricht:

Erkältung und Schnupfen: „Ich habe die Nase voll"

Überlegen Sie sich, von was oder von wem Sie genug haben.

Magenschmerzen: „Das ist mir auf den Magen geschlagen"

Was blieb seelisch unverdaut?

Herzbeschwerden: „Das geht mir zu Herzen."

Denken Sie nach, was Ihnen Kummer macht und welchen Konflikt Sie lösen dürfen.

Bluthochdruck: „Ich stehe unter großem Druck."

Wodurch haben Sie Druck? Wodurch fühlen Sie sich ständig überlastet? Wo sind die Stressoren und wie kann ich sie minimieren?

Wirbelsäulenprobleme: „Ich trage zu viel."

Denken Sie darüber nach, in welchen Bereichen Sie sich ständig überfordern. Stellen Sie sich die Frage, „Liebe ich mich?" oder „Bin ich mir wertvoll genug?"

Tinnitus: „Ich habe zu viel um die Ohren."

Es ist gut möglich, dass Sie Ihrem Bedürfnis nach Ruhe zu wenig nachgeben und sich einfach zu viel zumuten. Eventuell hören Sie auch Dinge, Menschen, Aussagen, Stimmen, die Ihre Ohren überlasten?

Sie sehen also, Sie können selbst eine ganze Menge dazu beitragen, um sich dauerhaft vital und gesund zu fühlen. Trotz und wegen Stress! Die Verhaltensänderung funktioniert nur, wenn Sie sie auch wirklich wollen.

> MERKE: Sie sind viel mehr Verursacher als Opfer in Ihrem eigenen Leben.

Bewegung steigert die Stressresistenz und baut auf natürlichem Weg die bereitgestellte Energie ab.

Laufen oder gehen Sie in Ihr Bewusstsein und bauen Sie so Stress ab! (Finden Sie den Weg zu Ihrer Seelenebene.) Schon die alten Römer wussten wohl, dass in einem gesunden Körper ein gesunder Geist wohnt, wie der Ausspruch: „Mens sana in corpore sano" frei übersetzt zeigt. Wir sind für Bewegung geschaffen und das trifft auch heute noch zu.

Aber bitte alles mit Maß und Ziel, „optimal statt maximal" lautet das Motto! Ich staune immer wieder, wenn ich Sportlern begegne, die während der Sportausübung mit Smartphone und Ohrhörer laufen. Frage: Wo bleibt da die Regeneration, die Entspannung? Krankhafte Sportausübung, dem Problem quasi davon zu laufen, gilt als eigener Stressor und subsumiert das Stressproblem!

Aber es gibt auch die Kehrseite der Medaille, jene des „Nichtstun" und das ist eigentlich das Hauptproblem. Leider vergewaltigen wir unseren auf dynamische Bewegung hin ausgerichteten Körper allzu oft mit Stillhalten, Stillsitzen, zur Bewegungslosigkeit. Eine natürliche Art und Weise den Körper widerstandsfähiger gegen Stress zu machen und die bereitgestellte Energie abzubauen, finden Sie in regelmäßiger freudvoller Bewegung. Es kann auch Gymnastik sein, Fitnesstraining oder Tanzen. Vielleicht möchten Sie mit

Freunden ein Fitnesscenter besuchen. Durch die Bewegung bekommen Ihr Körper und Ihre Zellen Sauerstoff, der die Stresshormone abbaut, die Produktion wichtiger Hormone wie zum Beispiel Testosteron und Progesteron jedoch fördert. Ihre Muskeln können entspannen und allgemeines Wohlfühlen macht sich breit.

> MERKE: Nur der Weg der kleinen Schritte führt zum Erfolg. Zu starke und zu lange Belastungen können Stress und Übersäuerung noch weiter verstärken – Optimal statt Maximal heißt die Devise. Sprechen Sie mit Ihrem Trainer oder Coach darüber.

Entspannung durch sanfte Musik und Couching

Ja, sie haben richtig gehört, Entspannung ist angesagt, sozusagen als Gegenpol zu Stress!

Entspannung bedeutet natürlicher Ausgleich zu Aktivität. Wer immer wieder innerlich zur Ruhe kommt, der fühlt sich seltener verspannt und resistenter gegen die Alltagsprobleme. Doch heute haben wir ja kaum noch Zeit, um zur Ruhe zu kommen. Faul sein, einfach nur dasitzen, ist verpönt. Wie beneidenswert ist doch der kroatische Fischer, wenn er am helllichten Tag am Hafen sitzt und einfach nur in die Ferne blickt, das blaue Meer beobachtet und seine Netze reinigt.

Unser Alltag wird bestimmt durch permanente „Action". Der Arbeitsnerv (Sympathikus) hat das Steuer fest in der Hand und segelt immer nur hart am Wind, unter vollen Segeln. Der Ruhenerv (Vagus - Parasympathikus) hat somit wenig Möglichkeiten sich durchzusetzen.

Die Balance zwischen Körper, Geist und Seele ist gestört. Es fehlt der Zugang zur Seelenebene, zur Gefühlswelt.

Das Geheimnis der Seele

Entspannung bedeutet für den Organismus, auf Sparflamme zu fahren. Das gesamte System arbeitet weniger, regeneriert und sammelt neue Kräfte.

Medizinische Messungen haben gezeigt, dass während der systematischen, aktiven Entspannung, die Hirnstromaktivität verändert ist. Der Mensch befindet sich in einem entspannten Wachzustand. Weiterhin nimmt die Muskelspannung ab, was zu einer verbesserten Gesamtdurchblutung führt. Atmung und Herzschlag nehmen ab. So schaffen Sie die praktische Voraussetzung für Fitness und Vitalität.

Beginnen Sie jetzt gleich und SOFORT mit diesem wichtigen Schritt!

Legen oder setzen Sie sich bequem auf Ihre Couch oder einen guten Sessel, vielleicht auch auf der Terrasse und schließen Sie die Augen. Wenn Sie Musik hören und den sanften Texten oder den zarten Klängen guter Musik nachhängen, spüren Sie nach wenigen Minuten wie gut das tut. Verwenden Sie die Worte von Johannes und versuchen Sie sich vorzustellen, wie Sie bestimmten Menschen verzeihen. Sie werden spüren, von welch angenehmen Gefühl Ihr Körper durchflutet wird. Das können Sie auch in der Mittagspause machen oder wo immer Sie gerade sind. So machen Sie sich fit für die weiteren Anforderungen des Tages.

Stille für Körper und Geist bedeutet Energie für die Seele!

So programmieren Sie Ihr Unterbewusstsein neu und schaffen die Verbindung zur Seele.

Eine gute Möglichkeit zur Entspannung bietet die Schulung der Körperwahrnehmung. Wer ganz aufmerksam seinen Körper beobachtet, entspannt sich auch dabei. Das Bewusstsein richtet sich ganz und gar auf den Körper, andere Einflüsse von außen werden ignoriert. Schalten Sie ab und ziehen Sie sich in die eigene innere Welt zurück. Zusätzlich wird die Wahrnehmungsfähigkeit für Signale, die der Körper uns sendet, erhöht. Verspannungen und andere Formen von Verkrampfungen können früher erkannt und beseitigt werden. Allein das Beobachten der Atmung führt schon zu Erholung und Regeneration.

Machen Sie die folgende Atemübung doch einfach mit!

Wo immer Sie sich gerade aufhalten, ob zu Hause oder im Job, unterwegs im Berufsverkehr oder im Urlaub, diese einfache und effektive Übung können Sie überall machen. Besonders dann, wenn Sie das Gefühl haben, sehr angespannt zu sein. Wenn Sie sich vor einer schweren Prüfung befinden, einen wichtigen Termin haben, eine Aussprache suchen oder was auch immer, nutzen Sie diese Übung. Sie wird Ihnen helfen, ein neues Bewusstsein zu erzeugen.

Richten Sie Ihren Körper so wie es für Sie am besten passt. Wichtig ist, dass es für Sie persönlich bequem ist. Sorgen Sie dafür, dass Sie ungestört sind und bleiben. Die kommenden 10 Minuten Zeit gehören Ihnen alleine (es können auch 20 oder 30 Minuten sein). Sollte es Ihnen schwerfallen abzuschalten, dann kann eine entspannende Musik zusätzlich die Atmosphäre und Voraussetzung verbessern.

Schließen Sie die Augen und lenken Sie die Aufmerksamkeit auf die Atmung. In der chinesischen Medizin gilt der Atem als eine der wichtigsten Energiequellen, man nennt es auch das sogenannte Qi. Spüren Sie, wie der Atem den Körper bewegt. Versuchen Sie diese Wahrnehmung zu stabilisieren.

Legen Sie nun die Hände sanft auf den Bauch, in Höhe des Bauchnabels und fühlen Sie das Heben und Senken der Bauchdecke. Auch wenn Gedanken auftauchen, die Sie ablenken, kehren Sie immer wieder zurück zu der Atmung im Bauch. Folgen Sie immer der Atmung. Lassen Sie die Gedanken einfach kommen und gehen, wie in einem Film. Genießen Sie die Ruhe, die Zeit, die Sie für sich selbst haben.

Kommen Sie nun langsam wieder zurück. Atmen Sie tief ein und aus. Öffnen Sie allmählich die Augen, recken und strecken Sie sich.

Na, wie fühlen Sie sich jetzt? Es braucht natürlich mehrere Anläufe um total von den Alltagsgedanken weg zu kommen. Wenn Sie meinen, dass Ihnen zu viele Gedanken aus dem Alltag untergekommen sind, sehen Sie es als normal an. Jetzt ist es wichtig, diese Übung so oft wie möglich zu machen. Sie werden es spüren, je öfter und regelmäßiger Sie üben, desto besser die Wirkung und die Entspannung.

Wichtig: Durchhalten! Am besten üben Sie diese Atemübung jeden Tag. Ich kann Ihnen schon heute versichern, es wird eine Ihrer Lieblingsübungen.

In einem weiteren Kapitel erkläre ich Ihnen dann eine Möglichkeit zur Meditation. Diese Atemtechnik ist eine der wichtigsten Inhalte der Meditation.

Im Grunde gibt es ja bereits viele Techniken, um das Körperbewusstsein und die Seelenverbindung aufrechtzuerhalten. Wichtig dabei ist es, eine bestimmte Entspannung zu erreichen. Entscheiden Sie selber, was am besten zu Ihnen passt.

Hier noch einige bewährte Beispiele:

Progressive Muskelentspannung nach Jacobsen, Atementspannung, Entspannungsgeschichten, Feldenkrais-Übungen, Reisen durch den Körper, Tanztherapie, fernöstliche Methoden wie Tai Chi oder Qi Gong (besonders empfehlenswert) und viele mehr.

Darüber hinaus gibt es viele Techniken systematischer Entspannung, deren Wirkung im Zusammenhang mit Stress sehr ausgleichend und vorbeugend ist.

Zu diesen Entspannungsverfahren zählen zum Beispiel:

* Magnetfeld Therapie
* Autogenes Training
* Meditation

All diese Methoden haben eines gemeinsam: Um zu wirken ist es wichtig, sie regelmäßig anzuwenden.

Entspannung darf gelernt sein, wie eben auch bestimmte Verhaltensmuster oder Bewegungsmuster wie Skifahren, Golf spielen usw.

Stellen Sie zu Beginn einfache Erwartungen an das Thema „Entspannen", denn es braucht einfach seine Zeit. Damit meine ich einige Tage bis Wochen, je nachdem wie fleißig Sie üben. Doch die Wirkung wird Sie überzeugen, denn die Verbindung zur Seele stellt die wichtigste Grundlage des Körpers für Selbstheilung dar. Auch hier gilt wie in allen zu erlernenden Bereichen, der Weg ist das Ziel. Nur durch die vielen kleinen Schritte verinnerlichen Sie, lernen Sie und spüren Sie die Veränderung. Für Gesundheit, Vitalität und Lebensfreude braucht es Entspannung anstatt Pillen. Menschen, die an sich selbst die höchsten Ansprüche stellen, erwarten sie auch zum Thema der Entspannung, große und rasche Erfolge in kurzer Zeit.

> Merke: Genau darin liegt die Herausforderung. Sie werden erfolgreicher und glücklicher, wenn Sie diese Übung für sich finden.

Schaffen Sie sich regelmäßig Zufriedenheitserlebnisse!

Was bereitet mir Freude und Spaß?

Gerade in stressigen Zeiten ist es von großer Bedeutung, Dinge zu tun, die uns Spaß machen. Dadurch entsteht Zufriedenheit und Wohlbefinden. Eine Form der emotionalen Entspannung findet statt. Sie schaffen einen Ausgleich zwischen Anspannung und Entspannung. Aber gerade in Zeiten der Dauerbelastung schränken wir unsere Hobbys oder persönlichen Freizeitaktivitäten häufig ein. Unsere Gedanken und Aufmerksamkeit werden größtenteils durch belastende Situationen in Anspruch genommen.

Wann sind Sie zuletzt einem persönlichen Hobby nachgegangen? Wissen Sie noch, was Ihnen Freude bereitet, und tun Sie es auch regelmäßig? Denken Sie einmal über diese Fragen nach. Erlauben Sie sich Zufriedenheitserlebnisse, ohne dabei ein schlechtes Gewissen zu haben. Legen Sie eine Liste von Aktivitäten an, die Ihnen Zufriedenheit und Spaß bereiten. Mit der Zufriedenheitsliste lassen sich auch Erfolge jeder Art integrieren. Wenn zum Beispiel der berufliche Erfolg zur Selbstverständlichkeit wird, dann werden wir sehr schnell undankbar und noch egoistischer. Denken sie an die Worte von Johannes.

Zufriedenheitsliste

Was macht mir persönlich Freude? z. B.:

- Spazierengehen
- Fitnesscenter
- Kino, Theater, Konzertbesuche
- Einkaufsbummel mit Freunden
- Sauna, Massage, Kosmetikerin
- Freunde besuchen
- Musizieren, Werken
- Sport treiben

Lachen ist gesund und hilft Stress abzubauen!

Lachen Sie jetzt, denn „Lachen ist die beste Medizin", das wussten schon unsere Ahnen zu berichten. Für den Körper ist es eine Art „inneres Jogging", eine Wohltat aus ganzem Herzen zu lachen. Es trainiert die Atmung, den Herzschlag und die Muskeltätigkeit. Kennen Sie das, Sie bekommen einen richtigen Lachanfall und der Körper schmerzt schon? Dabei werden wichtige und heilende Hormone, sogenannte Beta-Endorphine, im Körper freigesetzt. Untersuchungen in Kalifornien haben das Ergebnis erbracht, dass Lachen ein probates Mittel zur Stressbewältigung darstellt.

Lesen Sie ab und zu lustige Comics, spielen Sie so oft als möglich mit Kindern oder Tieren. Sie werden sehen, wie oft Ihnen da ein Lächeln entkommt. Sehen Sie sich lustige Filme an, gehen Sie ins Kino oder besuchen Sie Kabaretts.

Wichtig: Verbannen Sie das Fernsehen aus Ihrem Alltag!

Die Kraft der inneren Einstellung

Nutzen Sie die positive Kraft der Erinnerung an glückliche Tage

Die Kraft der eigenen Phantasien oder Erinnerungen kann dazu beitragen, Wohlbefinden und Gesundheit zu sichern. Aber auch umgekehrt kann die Einbildungskraft unsere Sorgen und Ängste grundlos steigern. Wir machen uns Gedanken und Sorgen um Situationen und Dinge, die nur in unserer Vorstellung oder aufgrund einer einmaligen, negativen Erfahrung existieren. Im Extremfall kann der Körper von solchen eingebildeten Sorgen so getäuscht werden, dass er mit krankhaften Symptomen reagiert.

Wenn Körper, Geist und Seele in einer direkten Wechselbeziehung zueinanderstehen, dann fühlen wir uns gesund, vital und lebensfroh. Erinnern Sie sich an die Worte und Erklärungen von Johannes?

Machen wir uns doch diese Eigenschaft der Ganzheitlichkeit zunutze, im Tausch gegen Stress! Tauschen Sie die schlechten Erinnerungen gegen glückliche Momente in Ihrem Leben aus. Wie das geht? Ganz einfach. Denken Sie einmal zurück und erinnern Sie sich an die Momente oder Ereignisse im Leben, wo Sie rundherum glücklich waren. Das kann bis zur Kindheit zurückreichen. Schreiben Sie alle auf. Setzen Sie Prioritäten. Entscheiden Sie sich für die sieben glücklichsten Tage in Ihrem Leben, erstellen Sie eine Hitliste der Top-Tage. Betrachten Sie nun einen der Tage und erleben Sie ihn noch einmal mit all Ihren Sinnen. Hören Sie die Geräusche und Gespräche, schauen Sie die Menschen von damals an, betrachten Sie die Umgebung. Sehen Sie die Farben? Riechen Sie die Düfte? Spüren Sie die Temperatur und fühlen Sie wie damals das Gefühl des Glücks?

So verfahren Sie mit allen Top-Tagen. Tragen Sie diese Liste bei sich, griffbereit in schlechten Phasen. Das Nachempfinden von schönen Ereignissen steigert das aktuelle Wohlbefinden. Sie sehen vieles gelassener, die Welt so bunt wie sie ist.

Werden Sie Hauptdarsteller in Ihrem eigenen Film mit dem Titel: „Das ist mein Leben."

Sie selbst entscheiden nun, wie viel Sie von dem Geschriebenen anwenden möchten. Sie entscheiden, was Ihnen gut tut. Aber Sie können es erst ermessen, wenn Sie es eine Zeitlang versuchen. „Es gibt nur Gutes, wenn du es auch tust!"

Stimmt doch, finden Sie es heraus. Also fangen Sie am besten gleich jetzt zu üben an. Es ist ganz egal womit Sie beginnen, doch starten Sie.

Angst bedeutet Stress und somit den Verlust von Lebensenergie.

Wo liegt die Ursache für diesen Verlust?

Verhalten: Nennen wir es in diesem besonderen Fall Stress, Angst, Überlastung, was auch immer. Wichtig ist das Bewusstmachen des eigenen Denkens und Handelns. Im Zweifel fragen Sie Ihre Seele: Würde das meine Seele auch so entscheiden?

Kognitives Verhalten: Verdeckte Blockaden der Vergangenheit aufdecken.

Unterbewusstsein: Zugang zur Seele herstellen! Negative Glaubenssätze können durch Affirmationen gedreht werden. Weg von einschränkenden Glaubenssätzen hin zu selbstformulierten und vor allem freimachenden Glaubenssätzen.

Jetzt stellt sich für uns die Frage, warum können Lebensenergie, Lebensziele, Motivation und Antrieb verlorengehen? Was sind die grundsätzlichen Ursachen? Was können sonstige Ursachen sein, die sich im Laufe des Lebens so entwickeln? Dazu haben wir einige interessante Beispiele aus unserer Arbeit mit Klienten angeführt, wie sie immer wieder aufs Neue vorkommen.

Aber stellen wir uns zuerst die Frage, was treibt uns tatsächlich an? Was bedeuten Wörter wie Ziele, Motivation, Antrieb, Auseinandersetzung, Konfrontation im Kontext zu Energielosigkeit? Ich möchte gemeinsam mit Johannes nun auf die Bedeutungen eingehen und an Hand der folgenden Beispiele, Ursache und Lösung erarbeiten.

16
Lebensziele

Was wäre ein Leben OHNE Ziele?

Es würde das Fehlen von Visionen, Träumen, Hoffnungen und Idealen bedeuten. Gerade die Ziele sind es, die unser Leben erst lebenswert machen, ja quasi erst als Lebenselixier gelten.

Was sind Ihre Ziele?

Fragen Sie sich persönlich einmal nach Ihren Zielen. Was möchten sie in 5 Jahren erreicht haben? Wofür leben Sie, was treibt Sie an? Kann es sein, dass Sie Ihre Ziele verloren haben oder nie im Leben welche besaßen?

- Wer seine Ziele verloren hat, der hat alles im Leben verloren.
- Wer seine Absichten verloren hat, der hat sich selbst vergessen.
- Wer seine Ideale, seine Träume verrät, der hat sich selber verraten.
- Wer seine Seele verliert, der hat alles verloren, was seinem Leben einen Sinn gibt.

Hier finden wir ihn wieder, den Zugang zur Seele, zur Gefühlswelt.

Daher ist es immens wichtig, seine Ziele, Absichten, Träume, Wünsche und Ideale zu kennen, sie niederzuschreiben, sie sich auf- und auszumalen, sie sich einzuprägen in allen Formen und Möglichkeiten. Es ist wichtig, ihnen treu zu bleiben, sie niemals aufzugeben, sie zu verfolgen, sie sich niemals durch äußere Einflüsse abgraben oder verändern zu lassen.

Doch wenn das so einfach umzusetzen wäre, wie es geschrieben wird, richtig? Daher ist es wichtig, um seine Ziele zu erreichen, alle dazugehörenden Absichten, Träume, Wünsche und Ideale zu hegen und pflegen, sie zu beschützen und schützen, sie zu verfolgen und voranzutreiben. Wenn man sein Leben selbstbestimmt leben möchte oder noch besser gesagt, wenn man überhaupt am Leben bleiben möchte, sollte man sich seine Ziele immer vor Augen halten.

Wie gibt es das, dass Menschen jenseits von 80 oder 90 Lebensjahren noch immer agil und voller Lebensfreude sind? Ganz einfach, sie haben sich ihre Ziele, Wünsche und Träume erhalten und arbeiten jede freie Minute dafür, sie zu erreichen. Genau das hält sie jung und dynamisch und gibt ihnen diese ungeheure Strahlkraft. Sie haben nach wie vor den Zugang zu ihrer Seelenebene. Sie haben sich dem kollektiven Gedankenmuster der anderen Menschen, mit diesem Alter schon ans Sterben zu denken, entzogen. Sie leben ihr Leben geradezu nach ihren Zielen und Vorstellungen.

Alt wird man, sobald man seine Ziele begräbt, sobald man seine Ziele aufgibt. Zuerst begräbt man seine eigenen Ziele und dann sich selbst.

Zuerst begräbt man seine Träume und Wünsche und danach sich selbst. Zuerst beerdigt man seine Ideale und danach sich selbst.

Sie kennen vielleicht solche Geschichten, in denen Todgeweihte wieder zum Leben erwacht sind? Warum ist das so? Sie fanden ihre Motivation und Kraft wieder, weil sie wieder an ihre Ziele glauben. Vielleicht kennen Sie aber auch Menschen, die nur so vor Kraft und Energie strotzen, aber innerhalb weniger Tage altern, nur weil sie alle Hoffnungen und somit auch ihre Ziele und Träume verloren haben?

Wie siehst du die Situation Johannes?

Johannes

Grundsätzlich hast du schon Recht Wolfgang. Ziele sind die Triebfeder unseres Lebens. Doch ich möchte gerne noch einmal auf den zuvor angesprochenen Aspekt von Körper-Geist-Seele zurückkommen. Warum kann jemand seine Ziele verlieren und seinen Antrieb dazu? Das ist einfach zu erklären. Hat der Menschen den Zugang zur Seele verloren, dann funktioniert er nur mehr über die Kopfebene. Er wird gesteuert durch sein Ego. Da wird es ganz schwer, die richtigen Entscheidungen zu treffen. Das wichtigste für diese Menschen ist es, den Weg zur Seele zurückzufinden. Hast du den Weg zur Seele wiedergefunden, dann kommt das Urvertrauen zurück, du kannst dich neu ausrichten, neue Ziele definieren und mit Dynamik darauf zu steuern. So ganz nebenbei kehren auch Vitalität und Energie zurück. Dabei spielt das Alter eine untergeordnete Rolle. Es ist unwichtig, in welchem Alter du dich befindest, es funktioniert auch mit 100.

Wolfgang

Ich denke, spätestens jetzt wirst du dich fragen, ja was hat das denn alles mit Stress zu tun? Lass mich bitte vorweg noch zum nächsten wichtigen Punkt im Leben kommen.

17
Motivation

Wolfgang

Wie gibt es das, dass manche Menschen motiviert sind und andere wieder aufgegeben haben? Wie, dass manche Menschen Ziele, Hoffnungen und Träume haben, andere wiederum ziel- und orientierungslos wirken?

Wieso haben sie ihre Motivation verloren? Warum sind manche schon von Anfang an motivationslos? Wer hat ihnen ihre Motivation geraubt? Gelingt es ihnen, sich neu zu motivieren? Was wäre ein Leben ohne Motivation?

Motivation bedeutet: selbstbestimmt, aus freien Stücken heraus gerne etwas erreichen wollen, arbeiten wollen, aktiv sein wollen, Risiken eingehen wollen, etwas bewegen wollen, aus eigenem Antrieb ohne äußere Einflüsse.

Eine Grundvoraussetzung dafür ist, sich seine eigene Gegenwart, im Hier und Jetzt, also seine tatsächliche Lebenssituation, bewusst zu machen. Aufbauend auf dieser Erkenntnis ist eine zielorientierte Formulierung der eigenen Zukunft möglich.

Gegenwart und Zukunft bilden da zum Beispiel zwei Pole, zwischen denen Energie fließt, wie zwischen einer Stromquelle und einem Verbraucher. Hierzu einige praktische Beispiele Johannes:

Praktisches Beispiel 1: Jemand lebt in der Gegenwart in einer für ihn schlechten Situation, der er entkommen möchte. Er hat einen schlecht bezahlten Job, lebt in einer kleinen Dachwohnung in der Stadt, laut und von schlechter Luft sowie durch die von Verkehr frequentierte Straße, verunreinigt.

Doch er malt sich seine Zukunft, die er unbedingt erreichen möchte, wie folgt aus: Eine liebe Freundin, eine schöne Wohnung in der Vorstadt, wenig Verkehr und viel grün, mit netten Nachbarn, mit einem fair bezahlten Job und lieben Kollegen.

Nun entsteht zwischen der IST Situation und der VORSTELLUNG ein Energiefluss, Motivation sozusagen, denn er weiß, dass er auf eine neue Situation zusteuert.

Johannes

Diese Person schafft, ohne dass ich sie jetzt kenne, irgendwie immer den Spagat zwischen Zielen und den Möglichkeiten, die das Leben bietet. Ich denke, dass diese Person mit Gegenwart genau das meint, nämlich im Hier und Jetzt zu leben, in Dankbarkeit und Liebe. Denn genau das sind die Attribute für ein glückliches und zufriedenes Leben, Wolfgang.

Wolfgang

Praktisches Beispiel 2: In einem anderen Fall nehmen wir eine erfolgreiche Person, glücklich verheiratet, mit netten Kindern, Freunden, einem gut dotierten Job und all den Dingen, die das Leben so lebenswert machen.

Sie denkt an die Zukunft, hat Angst und malt sich aus, dass alles schlechter werden könnte. Eine Zukunft, in der sie alles verlieren könnte (Verlustängste). Auch hier entsteht ein Energiefluss, ein negativer und mit Angst behaftet und einer treibenden Motivation, die Ist Situation zu erhalten.

Johannes

Hier stellt sich die Frage, was ist passiert in deren Leben? Sie malt sich aus, dass alles schlechter wird. Liest sie zu viel Zeitung, sieht sie zu viel fern, lässt sie sich zu sehr von unserer Gesellschaftspolitik in den Bann ziehen? Warum ist es für diese Person schwer im Hier und Jetzt zu leben? Wo ist das Selbstvertrauen geblieben? Warum hat sie die Verbindung zu ihrer Seele verloren? Zu allererst ist einmal wichtig zu verstehen, dass Druck Gegendruck erzeugt. Etwas mit aller Kraft festhalten zu wollen, klammern zu wollen, wie im Fall 2, erzeugt das Gegenteilige, nämlich ein Fluchtverhalten. Ein harmonischer Energiefluss kann nur entstehen, wenn ich in Liebe und Dankbarkeit gebe, dann kommt auch alles in Liebe und Dankbarkeit zurück. Durch diesen Gewalttakt des Klammerns verliert diese Person ihren Kontakt zur Seele. Flucht oder klammern, festhalten, erzeugt Angst und Angst bedeutet Stress.

Auch hier steht im Vordergrund, den Weg zurück zur Seele zu finden. Erst dann wird sie verstehen, dass sie auf die falschen Einflüsterer gehört hat. Wir haben das ja schon angesprochen, in Wirklichkeit hat ihre Seele den Körper verlassen. Somit haben Körper, Geist und Seele ihre Harmonie, ihren Gleichklang, verloren. Dadurch werden wichtige Entscheidungen über die Kopfebene getroffen, die Gefühlsebene bleibt verloren. Sie wird unsicher und hinterfragt ihre Kopfebene, ihr Ego.

Wolfgang

Um aber jetzt unseren Lebensmotor in Gang zu halten, benötigen wir als Antriebsenergie unser Ziele, Visionen, Träume und Wunschvorstellungen. Nur so ist es uns möglich, unsere Ist Situation zu verändern. Wenn wir in unserer Mitte sind, beginnen wir uns neu auszurichten.

Die dadurch ausgelöste Bewegung in Richtung positives Denken und Handeln wirkt auf uns selbst und beeinflusst auch die Menschen unserer Umgebung, unserer Gesellschaft und unserer Umwelt.

Solange dieser Lebensmotor zumindest nur halbwegs läuft, sind wir auch halbwegs motiviert, energiegeladen und halbwegs gut am Weg und dementsprechend gesund.

Läuft der Lebensmotor auf Hochtouren, so strotzen wir vor Energie und Lebensfreude, sind motiviert und gesund.

Doch wehe der Lebensmotor gerät ins Stottern, dann schwinden all unsere Hoffnungen, Ziele scheitern und unsere Wünsche und Träume verschwimmen. Plötzlich spüren wir, dass unsere Körperenergie nachlässt und die Welt um uns versinkt in Hoffnungslosigkeit. Wir hinterfragen, warum das so ist, sind verunsichert und treiben uns regelrecht in eine negative Spirale.

Wir fühlen uns wertlos und antriebslos. Sorgen, Ängste und Stress machen sich breit, manchmal bis hin zur totalen körperlichen Erschöpfung.

Welches Wissen könnte für die Erhaltung der Energie, unseres Lebensmotors also wichtiger sein als jenes, das uns aufzeigt woran unsere Motivation hängenbleibt? Viele Menschen fragen sich, „Wo finde ich die Ursachen dafür, dass meine Träume und Ziele zerbrechen, dass meine Hoffnungen versiegen und meine Lebensenergien verpuffen?"

Johannes

Du fragst zu Beginn dieses Kapitels danach, wer für den Verlust von Motivation, Energie und Zielen verantwortlich ist, richtig? Hier treffen wir wieder auf den Faktor Körper-Geist-Seele. Verlässt die Aura (Seele) den Körper und den Geist, so verlieren die Menschen wieder zusehends ihre Mitte, ihren Zugang zur Seele und somit all dem, was sie als Mensch ausmacht. Die Einflüsse haben wir bereits öfter angesprochen.

Viele dieser Einflüsse kommen aus dem Unterbewusstsein. Die Menschen reagieren dann, ohne zu wissen warum, falsch oder unangemessen auf Situationen. Alte Ängste, Traumata aus der Vergangenheit werden in die Zukunft projiziert und erschaffen

Bilder des Scheiterns. Diese Verängstigungen erzeugen bei den jeweiligen Personen Stress.

Wolfgang

Meist begegnen die Menschen diesen Problemen ja nur dann, wenn sie versuchen lösungsorientiert auf die Verwirklichung ihrer Ziele zuzugehen. Das ist ja grundsätzlich in Ordnung, ja sogar wichtig.

Ich habe dazu immer folgenden Ausdruck parat: „Wer bewegungsfaul ist, der spürt nur Müdigkeit". Was ist meine Aufgabe auf dieser Erde? Wofür brenne ich und wofür bin ich bereit alles zu geben? Das heißt im Umkehrschluss, nur wer sich seiner Probleme bewusst ist, kann an deren Lösung herangehen.

Wer spürt in seinem dumpfen Dahintreiben schon das Verlangen gegen den Strom zu schwimmen, um an die Quelle seiner Energie zu gelangen? Ihm fehlt das Gefühl von Balance, da es ihm verwehrt blieb, es kennen zu lernen. Es ist ihm unmöglich, seine Grenzen auszuloten und somit bleiben ihm seine tatsächlichen Ziele verwehrt.

Es ist die mangelnde Fähigkeit des Menschen, Dinge in der Gegenwart, im Hier und Jetzt wahrzunehmen, sich mit ihnen Auseinanderzusetzen. Ich schätze da Eckhart Tolle sehr, denn er bringt es versiert auf den Punkt. Er meint dazu wie folgt:

„Wenn du dein Hier und Jetzt unerträglich findest und es dich unglücklich macht, dann gibt es drei Möglichkeiten: Verlasse die Situation, verändere sie oder akzeptiere sie ganz. Wenn du Verantwortung für dein Leben übernehmen willst, dann musst du eine dieser drei Möglichkeiten wählen, und du musst die Wahl jetzt treffen."[1]

---

1   Eckhart Tolle: Jetzt – die Kraft der Gegenwart
ISBN 978-3-933496-53-9

Das Geheimnis der Seele

18
Gegenwärtige Wahrnehmung, im Hier und Jetzt

Wolfgang

Siehst du die Unfähigkeit, sich mit etwas „auseinanderzusetzten" oder etwas „im Hier und Jetzt" wahrzunehmen, auch als eine der größten Ursachen für Stress, Johannes?

Johannes

Ich kann mich dabei immer nur wiederholen, Wolfgang. Wie sollen sich diese Menschen mit etwas auseinandersetzen, wenn ihnen die Voraussetzung dazu fehlt?

Sie haben Angst davor, denn ihr Ego projiziert ihnen ja immer wieder nur die negativen Bilder der Vergangenheit. Sie verfallen in eine emotionale Schwäche und aus dieser heraus treffen sie die falschen Entscheidungen. Sie stehen außerhalb ihrer Mitte, suchen auf Umwegen die Balance mit ihrer Seele. Aus diesen Entscheidungen des Egos (eine falsche Entscheidung ist eben auch eine Entscheidung) können Fehlentscheidungen entstehen, was in weiterer Folge ja wieder negativ gespeichert wird und erneut Ängste für die Zukunft abbildet. So ist es schwer, seine tatsächliche Berufung zu finden.

Wolfgang

Ein sehr gutes Beispiel zum vorhergehenden Thema „Gegenwärtigkeit" ist die Geschichte von „Jack, der Herr der Fliegen"[1].

Jack, einer der beiden Hauptdarsteller, spielt dabei den Bösewicht und Anführer einer Gruppe Jugendlicher, die auf einer einsamen Insel gestrandet sind. Er steckt den Kopf eines Wildschweines auf einen Stock und platziert ihn in einer Höhle. Bald schwirren die Fliegen um den verwesenden Schweinekopf. Als ein paar kleinere Jungs den Kopf in der Höhle erspähen, erschrecken sie und erzählen im Dorf von einem Ungeheuer in der Höhle. Jack benutzt die Angst vor dem Unbekannten, als ein Element der Kontrolle

1   Herr der Fliegen von William Golding ISBN 978-3596214624

über die Kinder. Die Geschichte ist natürlich eine Metapher (wie auch das Buch als Sinnbild der menschlichen Gesellschaft steht). Die Geschichte zeigt aber, wie der Mensch durch Angst vor dem Unbekannten kontrolliert werden kann.

Anders erklärt, würden die Menschen auf der Insel sich mit dem Unbekannten auseinandersetzen, es im Hier und Jetzt wahrnehmen, würden sie sich aus ihrer Angst und ihrer Versklavung lösen.

Was ich eigentlich sagen möchte ist, dass es sich in der Höhle so verhält wie in unserem täglichen Leben. Wir erschrecken in den seltensten Fällen über das, was da ist, sondern vielmehr über das, wovon wir meinen, dass es da ist! Wir verurteilen, bestrafen, bewerten selten das was da ist, sondern das, wovon wir glauben, dass es da ist oder einmal da war!

Die Menschen meiden die Auseinandersetzung im Hier und Jetzt, sie meiden es gegenwärtig zu sein. Der Blick nach außen in die Gegenwart ist ihnen verwehrt, sie sehen nur nach innen in die Vergangenheit.

Johannes

Wie wahr diese Geschichte doch ist.

Wolfgang

Hier habe ich noch einige Beispiele die eindrucksvoll zeigen, was unser EGO durch Vergangenheitserlebnisse im Stande ist anzurichten.

Beispiel Lehrer – Schüler: Lehrer Huber hat den aufgeweckten Peter in der Klasse. Aus einem unerklärlichen Grund behandelt der Lehrer aber Peter immer ungerecht, Peter erhält schlechte Noten usw.

Lehrer Huber bestraft aber eigentlich eine Person aus seiner Vergangenheit, die Peter ähnlich sieht. Karl, diese eigentlich gemeinte Person, die der Lehrer mit Peter verwechselt, war vor 20 Jahren Klassenkamerad von Lehrer Huber und verprügelte ihn damals öfter.

Lehrer Huber agiert aus seinem Unterbewusstsein heraus. Er überträgt seinen von oder seit damals unterdrückten Hass auf Karl, heute in Form von schlechten Noten und Ungerechtigkeit an Peter. Er weiß nur, dass Peter für ihn eine Reizperson darstellt. Doch die Ursache für sein Verhalten bleibt tief in seinem Unterbewusstsein verborgen. Anders betrachtet, wenn er Karl damals verstehen konnte, aus seiner tiefsten Seele heraus, würde sich alles anders zutragen. Peter wäre ein Schüler wie jeder andere. Aber so wie ihm damals der Zugang zu seiner Seele verwehrt war, bleibt der Weg zu seiner Seele auch heute bei Peter wieder verschlossen.

Er nimmt, wenn er Peter sieht, immer nur Karl wahr. Er nimmt nur jenen Peter wahr, der wie Karl aussieht.

Können Sie erkennen, wie sich die Vergangenheitsbewältigung beim Lehrer Huber auswirkt? So wird ersichtlich, wie sich zukünftige Stressbelastungen alleine aus dieser Geschichte ableiten lassen.

Alleine, was Lehrer Huber beim Elternsprechtag für ungeheure Geschichten erfinden wird, nur um zu rechtfertigen, warum Peter schlechte Noten bekommt. Was werden die Geschichten von Lehrer Huber bei den Eltern hervorrufen? Wie werden sie sich deswegen gegenüber ihrem Kinde verhalten? Werden sie deshalb anders über Peter denken? Wird Peter als Erwachsener vielleicht andere so behandeln, wie er vom Lehrer Huber behandelt wurde?

Wird Ihnen bewusst, wie sich diese Irrtümer ein für alle Mal fortsetzen werden oder können?

Beispiel Frau Jäger aus der Buchhandlung: Sie war jahrelang an einen Ehemann gekettet, der trank, der fremdging, brüllte und sie schlug. Außerdem hatte sie Angst vor seinen Schlägen und Wutanfällen sowie sich von ihm zu trennen. Somit hatte sie ziemlich bald den Zugang zu ihrer Seele verloren und auch die Fähigkeit zu verstehen, was tatsächlich geschah und warum.

So wurde sie seine Untergebene, seine sich ihm unterwerfende Gattin. Nach 20 Jahren voller Leid und Seelenschmerz gelang es ihr endlich, sich von ihm zu befreien, sie ließ sich von ihm scheiden. Sie fand daraufhin eine neue Stellung in einem Feinkostladen als Sekretärin. Eines Tages passierte ihrer Vorgesetzten ein folgenschwerer Fehler, welcher die Firma viel Geld kostete.

Als der Firmenchef das merkte, stürzte er wutentbrannt ins Büro und brüllte herum. Weil die Vorgesetzte gerade fehlte, wurde Frau Jäger zum Opfer für den Wutanfall ihres Chefs. Sie war eigentlich unschuldig, sie war als Sekretärin überhaupt unbeteiligt an diesem Fall. Der Chef entschuldigte sich zwar am kommenden Tag bei ihr, aber trotzdem kündigte Frau Jäger ihren Job. Verstehen Sie was geschehen ist?

Körper, Geist und Seele von Frau Jäger waren aus der Balance. Es war für sie unmöglich, gegenwärtig im Hier und Jetzt wahrzunehmen, was geschehen ist. Es war ihr unmöglich im Hier und Jetzt entspannt wahrzunehmen, was geschehen ist. Hätte sie das getan, dann hätte sie erkennen dürfen, dass ihr Chef eigentlich auf jemand anderen wütend war. Frau Jäger war gerade nur zur falschen Zeit am falschen Ort. Sie hätte sich die Situation gefasst anhören können und dann sagen können: „Chef, ich verstehe, dass sie wütend sind. Sobald die Buchhalterin da ist, werde ich ihr mitteilen, dass sie sich bei ihnen melden soll um die Sache in Ordnung zu bringen, einverstanden?"

Aber anstatt wahrzunehmen, was im Hier und Jetzt ist, hat Frau Jäger wahrgenommen, was in der Vergangenheit war.

Sie war zum falschen Augenblick in der Vergangenheit und hat ihren Exmann wahrgenommen. Das Geschrei, die Wutanfälle ihres Mannes wurden durch das Geschrei ihres Chefs wieder gegenwärtig. Deshalb konnte sie nur kündigen. Es war die Entscheidung ihres Egos!

Beispiel Finanzamt: Jemand erhält die briefliche Mitteilung vom Finanzamt, dass die Lohnsteuerrückerstattung für das vergangene Jahr gestrichen wird. Er wird wütend aufs Finanzamt und schimpft wie ein Rohrspatz.

Der Brief mag der Auslöser sein, aber die wahre Ursache für seine Wut liegt in dem Umstand, dass er seit acht Jahren heimlich schwarzarbeitet. Anders ausgedrückt, er misst mit zweierlei Maß und vergisst, was er selbst macht. Er ist angespannt und es fehlt ihm die Fähigkeit, entspannt im Hier und Jetzt wahrzunehmen, dass er etwas Illegales tut und den Staat und alle ehrlich arbeitenden Bürger damit betrügt.

Beispiel Chef – Mitarbeiter: Der Chef fragt, ob er die Sommertermine pünktlich erledigt hat. Er hat sie vergessen! Was tut er? Ganz ehrlich: Verinnerlicht er in diesem Augenblick wirklich die Tatsache, dass er zu viel mit seinem Kollegen getratscht hat, dass er zu viel Zeit mit Kaffee trinken und rauchen verbracht hat, dass er von vorne herein dachte, es wird sicher Wichtigeres geben. Die Sache könne durchaus noch eine Woche warten?

Versteht er das, nimmt er das wahr, oder ändert er bzw. sein Ego die Wahrheit ab? Die Wahrscheinlichkeit liegt bei

99 %, dass das Ego des Betroffenen die Wirklichkeit abändert und sich damit selbst ein Stück unfähiger macht (indem man Unfähigkeit vorspielt, wo es doch nur Faulheit war, wird die Unfähigkeit bald zur Realität).

Stellen Sie sich vor, was geschehen würde, wenn er in dieser Situation die tatsächliche Sachlage wahrnimmt und versteht. Dann würde er zu sich selber sagen: "Hoppla, da habe ich jetzt ein wenig Zeit zu viel vergeudet. Ich werde mich jetzt beeilen." Dann würde er seinem Chef antworten. „Gut Chef, ich werde die Sache sofort in die Hand nehmen, sie können sich darauf verlassen".

Er verinnerlicht was ist, macht sich an die Arbeit und die Angelegenheit ist gelöst.

Doch wie reagiert der Mensch in solch einer Situation üblicherweise? Er sucht Ausreden, antwortet unehrlich, umschreibt das Problem wie z. B.: „Nun Chef, es gab unerwartete Schwierigkeiten, ich bin aber dran, spätestens bis morgen habe ich die Sache fertig". Das Ergebnis wird sein, dass die Erledigungen morgen auch wieder fehlen werden. Er hat missverstanden was war, er hat es nur verhüllt. Irgendwann wird der Chef Druck ausüben und er wird angespannt, unzufrieden mit seiner Arbeitsleistung sein, vielleicht gerät sogar sein Arbeitsplatz ins Wanken.

Was tut jemand, der sich in einer falschen Gefühlswelt befindet?

Wenn wahrnehmen heißt, im Hier und Jetzt zu sein und entspannt anzunehmen, was da ist, dann wäre es doch für jeden Menschen das einfachste, es einfach anzunehmen, oder?

Johannes

Es trifft ja immer genau jene, die in ihr Spiegelbild passen. Es ist ja so, dass er dafür voll verantwortlich ist. Der Junge hat irgendwann einen Samen (Ursache) gesät und bekommt genau jetzt die Ernte der Frucht (Wirkung der damaligen Ursache) zu spüren.

Wolfgang

Beispiel Herr Resch und die Bank: Resch wurde heute von seiner Bank mitgeteilt, dass er seinen Überziehungskredit von 3.000 EUR ausgereizt hat und die Bank daher die Überweisung für den Strom zurück gehen hat lassen. Herr Resch konfrontiert die Situation, schaut sich an was ist und sagt zu sich: „Mal sehen, wie wir dieses Problem in den Griff bekommen". Nun könnte er eine solide Finanzplanung aufstellen und dabei feststellen, dass er monatlich 200 EUR mehr Kosten als Einnahmen hat. Er streicht im Rahmen einer Finanzplanung ein paar Dinge, auf die er verzichten kann und sucht sich einen günstigeren Stromanbieter. Er spricht mit seiner Frau und sie vereinbaren gemeinsam, dass sie eine kurze Zeit in der Firma ein paar Stunden mehr macht, bis das Konto wieder ausgeglichen ist. Dann geht Herr Resch zu seiner Bank, legt den Finanzplan mit der Lösung vor und der Bankangestellt ist begeistert. Er erhöht Herrn Resch den Überziehungsrahmen und überweist die Stromrechnung.

Was tut aber jemand, der die Situation missversteht?

Da gibt es sehr viele Möglichkeiten und alle dürften uns bekannt vorkommen. Schließlich sind sie ja typisch menschlich.

Auch wir stellen uns täglich den Herausforderungen und bewegen unseren Allerwertesten.

Eine Möglichkeit wäre, den Brief zu lesen und ihn anschließend wegzuwerfen. Ein anderer würde den Brief lesen, ihn zur Seite legen und sagen: „Muss mit meinem Chef über eine Gehaltserhöhung reden". Oder vielleicht so: Er liest den Brief und legt ihn zur Seite, indem er sich denkt:

„Mir wird schon etwas einfallen". Oder er leiht sich das Geld von einem Freund aus.

Doch jeder hat unterschiedliche Bereiche, die leichter oder schwerer wahrzunehmen sind. Dem einen fällt es schwer, mit Behörden zu reden, der andere tut sich schwer bei allem, was mit Geld zu tun hat, der Nächste hat Probleme beim Thema Liebe usw.

Kennen Sie das? Ein Mensch kann in seinem Beruf alles wahrnehmen, aber er hat Probleme, wenn es um seine eigene Familie geht?

Beispiel Geld stehlen: Andreas stiehlt seinem Bruder Geld aus dem Sparschwein. Um es zu vertuschen und wahrzunehmen was er getan hat, denkt er sich: „Mein Bruder ist ja eh immer so gemein zu mir" oder „Mein Bruder hat sowieso genug Geld". Somit fehlt der Tat die Kraft zur Untat, es wird ein Racheakt und ist viel einfacher zu konfrontieren. Wenn wir ehrlich zu uns selber sind, so fällt uns ein, dass wir das x-mal am Tag so machen, im Straßenverkehr, an der Ampel, beim zu Schnellfahren, in der Firma usw.

Johannes

Ursache und Wirkung ist auch bei mangelndem Wissen über die Naturgesetze strafbar. Wie willst du dich einem Naturgesetz entziehen? Denke nur an die Naturgesetze von z. B. Fliehkraft oder Schwerkraft. Was du säst, das wirst du ernten. Druck erzeugt Gegendruck. Flucht erzeugt Angst. Wie du es in den Wald hineinrufst so hallt es zurück. Verstehst du was ich meine, Wolfgang?

Wolfgang

Beispiel Workaholic: Dieser Begriff beschreibt einen sogenannten arbeitswütigen oder arbeitssüchtigen Menschen. Dieser arbeitet wenn möglich Tag und

Nacht, gönnt sich wenig Pausen und arbeitet sogar am Wochenende. Grundsätzlich in Ordnung, denn gerade in der Selbstständigkeit, beim Aufbau eines eigenen Unternehmens gehört es dazu, in der Anfangsphase 70 Stunden und mehr zu arbeiten, oft sogar über mehrere Jahre hinweg. Wir kennen das ja aus unserer Praxis Johannes.

Doch denken wir wieder einige Zeilen zurück, wir sprachen von Zielen, Idealen sowie der Motivation. Wenn es dem Verfolgen von selbstgesteckten Zielen gilt, ist das über einen begrenzten Zeitraum auch in Ordnung und fällt eigentlich unter den Begriff fleißig.

Anders darf man den Begriff Workaholic bei Menschen verstehen, die schwer in ihrem Leben gegenwärtig sein können und sich stattdessen in ihre Arbeit flüchten. Dort funktioniert ihr Ego optimal, mit der Arbeit identifizieren sie sich, es ist ihr Lebensmittelpunkt. Ihr Problem besteht dadurch, dass sie sich nur in ihrer Arbeitswelt zurechtfinden und aus diesem Grunde ihrem Privatleben ausweichen.

Die daraus entstehende Isolation aus seinem sozialen Umfeld erzeugt immer mehr Distanz zur Menschlichkeit, zu den alltäglichen Dingen und noch viel mehr zu seiner Gefühlswelt, zur Seelenebene. Immer wenn er sich mit der Gegenwart auseinandersetzt, gerät er in Stress. Er fühlt sich unsicher und kann diese Unsicherheit immer schwerer kompensieren. Das kann auf Dauer zu chronischen Belastungen bis hin zum „Burn-out" führen. Es wäre nun falsch zu sagen, die Überarbeitung sei schuld an diesem Dilemma, es fehlt lediglich die Unfähigkeit zur richtigen Wahrnehmung im Hier und Jetzt. Es fehlt der Zugang zur Seelenebene.

Beispiel Zigarette: Eine weitere Methode des Ausweichens ist das Zigarettenrauchen. Wer raucht, der baut eine Nebel- und Geruchswand rund um sich herum auf. Die Ursache für dieses

Verhalten siehe Beispiel zuvor. Wir haben ja auch einmal geraucht Johannes.

Johannes
Ja sicher Wolfgang, ich glaube alle meine Freunde und Bekannten haben damals geraucht.

Viele Menschen, die zu Rauchen aufhören, wundern sich, dass auf einmal so viele Probleme in ihr Leben treten. Oft fangen diese Menschen dann wieder zum Rauchen an. Du kennst das vielleicht, ein paar Tage geht es gut, doch dann braucht man eine Zigarette, denn plötzlich wird das Verlangen nach einer Zigarette unerträglich, da es unmöglich scheint, den Stress zu bewältigen.

Ebenso, nur um eine Stufe höher, verhält es sich mit dem Alkohol. Durch den Missbrauch von Alkohol rückt die Realität immer weiter von einem weg. Es ist ein Teufelskreis, sobald die Wirkung des Alkohols nachlässt oder der Stress zu groß wird, bzw. die Realität zurückkehrt, beginnt das fatale Spiel von neuem.

Wolfgang
Ja, die Negativspirale dreht sich somit immer weiter, sieh nur die steigende Zahl an Drogenkonsumenten und Abhängigen.

Johannes
Für alles was der Mensch im „Hier und Jetzt verdrängt", besitzt er eine eigene Schublade in seinem Gehirn. Es handelt sich um Gedächtnisspeicher unterhalb der Bewusstseinsebene (Unterbewusstsein).

Wolfgang
Beispiel kleines Mädchen: Das kleine Mädchen, das häufig von ihrem betrunkenen Vater geschlagen wird. Es ist eine unglaubliche Herausforderung für sie zu verstehen, warum

der Vater das macht, sie liebt ihn ja. Sie verweigert das Geschehene, verweigert die Erinnerung und verlagert alle Gedanken darüber immer wieder ins Unterbewusstsein. Es ist für sie eine Art Schutz, um auch in Zukunft mit dem Vater und ähnlichen Ereignissen umgehen zu können.

Johannes

Hier stellt sich die Frage, was dieses kleine Mädchen in ihrem vergangenen Leben mit ihrem Vater angestellt hat. Was kannst du daraus erkennen Wolfgang? Wir sind wieder bei der Frage nach Ursache und Wirkung. Kennst du den Spruch „Hüte dich vor den Gezeichneten"? Der Körper folgt immer der Seele. Wie hat eine heute behinderte Person in ihrem vergangenen Leben gelebt. Hat sie andere Behinderte verspottet, geschlagen oder misshandelt? Das kam früher häufiger vor.

Wolfgang

Somit verdrängt sie es, das Erlebte wahrzunehmen. Sie speichert es aber zu ihrem Selbstschutz immer im Unterbewusstsein ab. Beim Erlebnis ähnlicher Bilder oder Situationen in der Zukunft werden diese sofort mit den alten Mustern der Vergangenheit verglichen, obwohl der Zusammenhang mit der Vergangenheit fehlt.

Dort im Unterbewusstsein liegt natürlich auch alles, was zum Prügelgeschehen dazugehört. Die Kleidung, der Alkoholgeruch, die Wutausbrüche, die Haare oder der Bart, aber auch die Umgebung, das Licht, der Geruch in der Wohnung, Geräusche usw.

Das geschieht grundsätzliche mit allen Erlebnissen so, die über unser Ego aufgenommen werden. Auf der Kopfebene, mit dem Ego ist es schwer die Zusammenhänge zu verstehen. Wir speichern die unangenehmen Erlebnisse in unserem Unterbewusstsein so lange ab, bis eine richtige Müllhalde von diesen belastenden Erlebnissen zustande gekommen ist. Im Laufe des Lebens sammelt sich da schon einiges an.

Anders ausgedrückt, man läuft ein ganzes Leben lang mit einem imaginären Belastungs- und Stress-Rucksack herum.

Das kleine Mädchen wurde durch bestimmte Umstände aus ihrer Balance zwischen Körper, Geist und Seele gebracht. Sie hat den Kontakt zu ihrer Gefühlsebene verloren. Der Weg ist blockiert. Somit fehlt ihr das Verständnis für das, was der Vater ihr antut, insbesondere warum er das macht.

Aus diesem Grund wird sie in ihrem späteren Lebensverlauf, falls diese Seelenblockade aufrecht bleibt, ebenfalls immer wieder negativ an ihren Vater erinnert. Sie könnte Kopfschmerzen bekommen, wenn sie einen Betrunkenen sieht oder Magenprobleme, wenn jemand zornig ist oder nach Schweiß riecht. Sie kann Verhaltensmuster an den Tag legen, die sie früher auch verwendete, um sich vor dem Vater zu schützen.

Diese Verhaltensmuster sind jedoch undurchschaubar, denn sie hat sie ja immer angewandt. Was die erwachsene Frau dann spürt, sind lediglich die Auswirkungen. Wie jedoch soll diese Situation jemand erkennen, wenn der Zugang zur Seele fehlt? Wie soll ich richtig fragen bzw. wer soll dann die richtigen Antworten auf ihre richtigen Fragen geben?

Hunderte Male erleben wir Dinge, die zu verstehen uns unmöglich sind, da wir durch die Steuerung auf der Kopfebene uns den Zugang zur Seele verwehren.

Deshalb wird die Form des mentalen Rucksackes und der Stressbelastung die wir durch die Gegend schleppen, immer größer. Je länger diese Problematik für uns unerkannt bleibt, desto größer wird die Wahrscheinlichkeit, an stressbedingten

Symptomen zu leiden oder letztendlich tatsächlich chronisch zu erkranken.

Wir werden immer mehr von unbewältigten Situationen und Erlebnissen in unserem Denken und Handeln blockiert.

Johannes

Wo hat bei diesem Mädchen die erste Wut und Verzweiflung begonnen. Wut schlägt zurück und erzeugt Gegenwut, sie schaukelt sich regelrecht hoch bis zur Ohnmacht. Es ist wie bei zwei Boxern. Jedes Mal, wenn sie hinschlägt, erhält sie Schläge zurück, bis sie KO geht.

Es ist der negative Kreislauf verringerter Wahrnehmung, die letztendlich zum Tod unserer Ziele, unserer Ideale, Wünsche und Träume und somit unserer Lebensenergie führt, Wolfgang.

Wolfgang

Beispiel - Streit mit der Schwiegermutter: Karin hatte immer ein schweres Verhältnis mit ihrer Schwiegermutter. Sie versuchte immer, jeglicher Konfrontation aus dem Weg zu gehen. Sie hatte Angst zu konfrontieren, was zwischen ihr und der Schwiegermutter steht. Doch irgendwann kam es zum unausweichlichen Streit mit ihr.

Die Folge, durch ihre verringerte Wahrnehmung, ihre Blockade zur Seelenebene blieb ihr verwehrt zu erkennen, was ihre Schwiegermutter ausmacht, wer ihre Schwiegermutter tatsächlich war. Ihr fehlte die Möglichkeit zu hinterfragen, warum die Schwiegermutter so ist wie sie ist, wo und wie die Schwiegermutter aufgewachsen ist und wodurch sie geprägt wurde. Die Herausforderung, den Streit mit der Schwiegermutter zu bereinigen, war zu groß. Aus diesem Grund eskalierte er weiter. Was bedeutete das für Karin?

Johannes

Wieder eine Angelegenheit, ein Erlebnis für ihr Unterbewusstsein. Karin fehlt das Verständnis von Ursache und Wirkung. Wie du richtig gesagt hast, Wolfgang. Konfrontieren oder im Hier und Jetzt wahrnehmen, können wir nur, wenn wir einen freien Zugang zu unserer Seelenebene haben. Abgesehen davon, dass Karin diese Sache immer im Kopf hat und es sie einen Teil ihrer Aufmerksamkeit kostet, geht es auch um die daraus resultierenden Folgen.

Wolfgang

Richtig, Karin hat mit ihrem Gatten zwei Kinder. Gemeinsam mit ihrem Gatten haben sie den schwiegerelterlichen Bauernhof mit Schulden übernommen. Gabi, die ältere Tochter spürt, dass die Mama mit der Schwiegermutter immer wieder Auseinandersetzungen hat. Sie stellt sich auf die Seite der Mama, was die Schwiegermutter veranlasst, sich auch noch gegen Gabi zu stellen.

Das Leben wird im Laufe der Zeit unerträglich, da die gesamte Familie in diesen Streit hineingezogen wird. Alle beteiligten Familienmitglieder leiden unter dieser ungelösten Situation. Hat die Schwiegermutter bis vor dem Streit Karin noch bei manchen Arbeiten geholfen, so hat Karin diese nun alleine zu erledigen, was sie stark unter Druck bringt. Sie hat nun weniger Zeit für die Kinder und so kommt es immer öfter zu Zankereien der Kinder gegen die Mutter. Sie lehnen sich auch immer öfter auf.

Karin ist immer öfter krank, eine Aushilfe unterstützt die Familie, da ihr Mann als Schichtarbeiter in einer Fabrik arbeitet und auch nur begrenzt Zeit hat. Natürlich schlägt das auch finanziell schmerzlich zu Buche. Irgendwann ist es dann so weit, dass Karin die Situation entgleitet. Sie spricht immer öfter von Stress, von Niedergeschlagenheit und Demotivation sowie Depression.

Der Streit mit der Schwiegermutter eskaliert immer mehr, alles was sie macht schafft negative Berührungspunkte und immer wieder neuerlichen Anlass für Streit und Auseinandersetzung. Es ist schwer bis unmöglich, der Schwiegermama etwas recht zu machen.

Irgendwann kommen Schuldgefühle gegenüber ihrer Familie hoch, die Belastung wird unerträglich, was sogar dazu führt, dass sie ihre haushältlichen Pflichten vernachlässigt. Wohnung sauber halten oder regelmäßig zu kochen wird zu einer unlösbaren Hürde.

Das schlechte Gewissen plagt sie, da ihr bewusst wird, dass sie zu wenig Zeit für die Kinder hat. Als dann noch dazu ihre geliebte Oma stirbt, erleidet sie einen völligen körperlichen Zusammenbruch. Diagnose Burn-out.

Was ist die Ursache der Probleme von Karin und ihrer Familie? Was meinst du Johannes?

Johannes

Alle beide haben ihre Wahrheit und ihr Wissen. Jede der beiden hat Recht. Doch es ist so, dass die andere ebenso im Recht ist und ihre eigene Wahrheit hat. Die Schwiegermutter wollte ihr Wissen unbedingt der Schwiegertochter aufzwingen. Das führt zu einer negativen Energie zwischen den beiden. Das führt bei der Schwiegermutter zu Angst, abgeschoben zu werden. Somit kommt wieder Ursache und Wirkung ins Spiel, Druck erzeugt Gegendruck. Die eine möchte der anderen etwas aufzwingen. Man sieht ja Wolfgang, wie fatal die Auswirkungen sein können.

Mich würde interessieren, wie die Geschichte weitergeht. Doch so wie es aussieht, hat die Schwiegermutter ebenfalls ein schweres Los gezogen. Sie ist jetzt verantwortlich und hat die gesamte Arbeit am Hof, den Haushalt und die Enkelkinder. Hier sind wir dann wieder beim Thema Ursache und Wirkung, Wolfgang.

Wolfgang

Beispiel Büroangestellte und Kollegin: Sonja ist Angestellte in einem Büro und eine von zwei Chefsekretärinnen. Sonja ist Perfektionistin, sie will immer alles zu 100 % perfekt machen. Ihre Kollegin ist das totale Gegenteil, ein wenig schlampig, öfter im Krankenstand. Sie liebt das Leben, ist immer gut gelaunt, kleidet sich immer modisch und sieht die Welt durch die rosarote Brille. Für Sonja ist sowohl das Verhalten ihrer Kollegin, als auch die Billigung durch ihren Chef unerklärlich.

Sie selbst hingegen ist sehr aufmerksam, sie übernimmt auch die Arbeiten der Kollegin, wenn diese im Krankenstand oder im Urlaub ist. Andererseits hingegen jammert Sonja aber immer über zu viel Arbeit. Sie macht Überstunden, um mit ihrer Arbeit fertig zu werden, während ihre Kollegin regelmäßig nach Büroschluss nach Hause geht. Sonja ist nervlich angeschlagen und nimmt inzwischen Antidepressiva. Ohne Schlaftabletten fällt ihr das Schlafen schwer. Wenn sie am Morgen aufwacht fühlt sie sich wie gerädert. Es ist Sonja ein Rätsel, warum der Chef immer alle schwierigen Arbeiten ihr überlässt. Gibt es Probleme im Büro, wird sie zur Verantwortung gezogen und nie ihre Kollegin. Sonja hat bei ihrem Chef um eine Lohnerhöhung angesucht, doch der Chef vertröstet sie immer. Für Sonja unverständlich, hat doch die Kollegin eine Lohnerhöhung erhalten. Sonja bringt diese Situation in starke Frustration.

Da verstehe einer die Welt und die Menschen? Warum hat Sonja Stress und ihre Kollegin Spaß?

Johannes

Sonja baut Druck auf und spürt den Gegendruck von ihrem Chef und von der Kollegin. Die Kollegin steht einfach in ihrer Mitte, strahlt dadurch eine bestimmte Lockerheit aus, die überall in der Firma gut ankommt. Je mehr sie ihre Persönlichkeit auslebt, umso mehr baut Sonja Gegendruck auf. Sie arbeitet noch mehr, wird noch ehrgeiziger und letztlich auch frecher. Sie versucht ihren Fleiß und ihr Engagement bei ihrem Chef einzufordern. Sie drängt sich zusehends enger in eine Sackgasse und wird dadurch immer unbeliebter. Das führt sie in weiterer Folge in eine gesundheitliche Sackgasse. Die Folgen sind Müdigkeit, Energielosigkeit und letztendlich chronische Erkrankung.

Wolfgang

Ebenso ist es mit Dingen, die nur zum Teil erledigt werden:

Stell dir vor Johannes, wir würden alles, was wir jeden Tag tun, nur zur Hälfte fertigmachen. Wir würden nur den halben Rasen mähen, unser Automechaniker würde unser Auto nur halb reparieren, der Baumeister das Haus nur halb bauen usw. Stell dir vor, der Arzt würde seinen Patienten den Blinddarm entfernen, aber die Wunde würde er geöffnet lassen, unvorstellbar oder?

Anders betrachtet Johannes, alles was unerledigt bleibt kostet um einiges mehr, weil ja der angerichtete Schaden durch die halbe Fertigstellung auch noch zu bereinigen ist. Darüber hinaus auch noch Aufmerksamkeit und Energie.

Hier ein Beispiel Johannes, vielleicht kennst du das ja auch. Versuch das mal, gehe durch deine Wohnung oder dein Büro und sieh in jedes Fach, öffne jeden Kasten, jede Schublade, jede Vitrine, am Fußboden, in der Sitzbank und schau dir das alles genau an. Wenn du ehrlich bist, sogar bei dir lieber Freund, dann wirst du feststellen, dass es eine große Menge an Dingen gibt, die nur halb erledigt oder unerledigt sind. Diese Dinge kosten dir unter Umständen viel von deiner Aufmerksamkeit und rauben dir unter Umständen Energie, um ehrlich zu sein, es stresst oder?

Johannes

Ja Wolfgang, du hast Recht, da gibt es immer wieder Unerledigtes. Wie du richtig sagst, es kann Energie kosten. Die Frage ist nur wieder, wie sieht es mit Ursache und Wirkung aus? Wenn etwas unerledigt bleibt, kann es eine Ursache dafür geben. Die Frage ist nur, hat es eine unangenehme Auswirkung auf mich, meine Person. Wenn ja, dann wird diese Situation, diese Ursache Energie kosten und Stress bringen. Anders betrachtet hat alles im Leben seine Energie und seine Zeit.

Ich sage immer, alles geschieht zur rechten Zeit.

Ich gebe den Dingen mehr Raum und Zeit, sich entwickeln zu dürfen.

Ich stehe in meiner Mitte und somit sagt mir meine Seele, wann was zu erledigen ist. Somit lebe ich mit diesen unerledigten Dingen im Einklang.

Ich stehe fast immer im Dauerkontakt mit meiner Seele.

Wolfgang

Genau das ist es, was mir an deiner Lebenseinstellung, an deiner Arbeit so gut gefällt, Johannes.

Da hätte ich noch ein bildliches Beispiel, das ich dir gerne erzählen möchte. Immer wieder kommen Menschen zu uns ins Institut, besonders oft auch Paare. Viele bewundere ich, da sie trotz ihrer langen Ehejahre oder gerade durch sie, immer noch so in Harmonie und Zuneigung zueinander leben. Man hat ab und zu einmal das Gefühl, diese Menschen sind von einer bestimmten Mystik umgeben.

Andererseits erleben wir auch immer wieder das Gegenteil. Paare haben Jahrzehnte miteinander in Ehe gelebt, so viel miteinander geschaffen und aufgebaut und doch kriselt es. Man bekommt das Gefühl, es ist bereits alles ausgesprochen, es fehlt das Verbindende, das Gemeinsame.

Wie kann das sein? Gibt es so etwas wie eine Glücksformel die wir weitergeben könnten?

Johannes

Diese Glücksformel von der du sprichst Wolfgang lautet:

Herz + Gefühl = Seele

Spaß beiseite, aber es geht immer wieder um das Gleiche. Wenn der Weg zur Seele, zur Seelenebene unterbrochen ist, sich alle Gemeinsamkeiten nur über die Ego-Kopfebene bewegen, erschöpft sich der sogenannte gleiche Nenner. Pflege ich jedoch meine Seelenebene, meine Gefühlsebene mit meinem Partner, dann entsteht daraus ein ungeahntes zufriedenes und glückseliges Miteinander.

Wolfgang

Jetzt werden sich wiederum viele Leser denken, dass sich das von unserer Seite her so leicht daherredet.

Ich kann mir das gut vorstellen. Ich habe es ja selber erlebt, da ich in meiner Ehe ebenfalls gescheitert bin. An genau diesen Themen über die wir gerade sprechen. Zu Beginn ist alles toll, besonders, wenn man sich begegnet. Zu Beginn sind Schmetterlinge im Bauch, da war dieses gegenseitige Begehren.

Doch dann kommt der so oft diskutierte Alltag, die Kinder, die finanziellen Herausforderungen, vielleicht werden auch noch die eigenen Eltern krank, weitere zusätzliche Aufgaben und Sorgen. Dann heißt es in Wirklichkeit willkommen im Leben.

Wir hören oft Aussagen wie: „Wir haben uns so auf die ruhigen Zeiten gefreut ... wir hatten so viele Pläne ... Aber jetzt, wo es so weit ist, stehen wir uns manchmal wie Bruder und Schwester gegenüber. Wo ist das Gefühl, das wir als Paar hatten, als Liebespaar, verspielt, verrückt und unbeschwert? Wie sollen wir das jetzt noch ändern? Man kann ja nicht einfach einen Schalter umlegen und alles ist wie früher!"

Weißt Du Johannes, in diesem Augenblick ist es einfach so wie sie sagen. Obwohl wir erkennen, dass solche Paare sich lieben, eine Basis wie Vertrauen und gegenseitiger einfühlsamer Umgang vorhanden ist. Kennst du solche Situationen Johannes?

Johannes

Aber sicher doch Wolfgang. Aber du weißt ja wie ich in solchen Situationen denke und handle. Um das zu ändern, wieder zurückzufinden zu einer echten Liebes-Partnerschaft, ist es nur nötig, zurück zur gemeinsamen Seele zu finden. Solche Menschen haben zumeist eine echte alte Seelenverbundenheit. Das ist auch der Grund, warum sie schon lange beisammen sind, schon viel miteinander im Leben geschafft haben. Außenstehende würden sagen, das ist das perfekte Paar. Hier jedoch braucht es weder besonders große Kraftanstrengung, gegenseitiges Verbiegen oder gar stummes Ertragen, Wolfgang.

Wolfgang

Ja, das verstehe ich Johannes. Aber wenn man sich so die Lebenswege dieser Menschen betrachtet, ergibt sich immer wieder ein klares Bild. Auf dem Weg dorthin, wo sie beide jetzt und heute stehen, liegen unzählige Erfahrungen, Erlebnisse, Abenteuer, Entdeckungen, Glücksmomente, aber auch Momente der Trauer und der Enttäuschung. Mir ist klar, dass das alles dazu gehört. All das hat sie und den geliebten Menschen an ihrer Seite zu dem gemacht, was sie HEUTE sind! Wie sie sind. Bei Eva und mir ist es ja auch so. Aber auch wenn unser gegenseitiger Respekt, unsere gegenseitige Anerkennung wachsen, bedeutet das für mich eher noch einen weiteren Lustgewinn. Wir schreien regelrecht nach Spaß, kindisch sein und gemeinsam lachen. Unser Sexualleben und unsere Gemeinsamkeit werden getragen durch die gemeinsamen Erlebnisse.

Johannes

Du hast natürlich Recht Wolfgang. Wohin hätte sich euer gemeinsamer Weg entwickelt, wenn du deinen Zugang zur Seele weiter blockiert hättest? Jede Kreuzung, die du mit Eva gegangen bist, hat dein heutiges Ich geprägt – und ebenso das von Eva. Das ist der Punkt. Die Paare werden geprägt durch die Kreuzungen die sie miteinander meistern.

Wolfgang

Also du meinst Johannes, dass es falsch wäre, den Menschen von damals wieder zu finden. Ich verstehe, natürlich, dieser Mensch existiert ja nur mehr in meinen Vorstellungen, meinen Gedanken und meinem Unterbewusstsein. Heute gibt es nur mehr den Menschen, der durch den Weg und die Kreuzungen geprägt ist, verändert ist, richtig?

Ich verstehe die Veränderung, Johannes. Es ist heute anders. Hier und jetzt stehen die beiden, wunderbar in der Partnerschaft und auf dem langen, gemeinsamen Weg geformten Menschen, die sich haben, die sich lieben. Und die nun am Start einer neuen, wunderbaren, gemeinsamen Entdeckungsreise stehen. Persönlich. Sexuell. Seelisch. Psychisch. Physisch!

Johannes

Richtig Wolfgang, diese Paare, sie haben es jetzt, hier und heute in der Hand, wie die Entdeckungsreise wird, die nun vor ihnen liegt! Und eines kann ich diesen Menschen, Paaren versprechen, wenn sie den Weg zur ihrer Seele finden, dann wird diese Reise wunderbar!

Es ist wichtig zu verstehen, dass sie zwar immer wieder gemeinsam an diese Kreuzungen kamen, doch jeder ging seinen eigenen Weg, folgend seiner Aufgaben. Abenteuer und Erlebnisse prägte ihre Persönlichkeit, egal ob positiv oder negativ. Das hinterließ wieder Spuren im Unterbewusstsein. Das ist auch ok so. Doch letztendlich ist immer die Seele das alles Verbindende, die Gefühlsebene, die die Menschen trotzdem weiter verbindet und immer alles neu beginnen lässt.

Wolfgang

Da fällt mir der Verhaltens- und Paarforscher John Gottmann ein. Er meinte, dass in zufriedenen Paarbeziehungen die Partner fähig sind, eine Streitsituation immer wieder zu verlassen, anstatt darin hängen zu bleiben. Ihm wird aber unklar sein, warum das so ist und das ist ja letztendlich die viel wichtigere Frage, stimmt´s?

Johannes

Ja Wolfgang, doch ich meine, dass schon beide Erkenntnisse wichtig sind, was die Forschung angeht.

Wolfgang

Ja, da fallen mir auch gleich wieder einige der Argumente unserer Klienten ein. Besonders wenn die Situation schon sehr verfahren zu sein scheint, höre ich zum Beispiel: „Wenn mein Partner ständig mauert, wie soll ich da noch an ihn herankommen?" „Immer mauerst du ...", sagt der eine Partner. Postwendend kommt die Antwort des anderen Partners: „Ich mauere doch gar nicht!" Und schon bricht ein toller Streit vom Zaun, der eine Lösung unglaublich erschwert.

Johannes

Es ist ein ganz einfacher Weg, wenn man ihn kennt Wolfgang. Du weißt wovon ich spreche, er kostet weder Mühe noch Überwindung und er funktioniert immer. Das Zauberwort heißt verzeihen. Du säst was du erntest. Jeder der beiden Streithähne sollte in sich gehen und damit beginnen, seinem Partner zu verzeihen. Und schon öffnet sich der Weg in die Gefühlsebene und in weiterer Folge in die Seelenebene.

Wolfgang

Ja ich weiß Johannes, denn ich durfte diese Praktik ja auch erleben. Und ich werde sie immer wieder anwenden, denn für mich bedeutet sie die Lösung. Doch was ist, wenn einer der beiden Partner sich weigert zu verzeihen. Wenn einer der beiden Partner meint, dass es für ihn/sie unmöglich ist zu verzeihen?

Johannes

Ja Wolfgang, auch das kommt immer wieder vor. Da hat das Ego, die Kopfebene schon sehr viel Macht übernommen. Spätestens da kontaktieren mich die Menschen, damit ich ihnen helfe. Da stellt sich die Frage, warum ist die Seele blockiert? Das kann sein durch eine verschobene Aura, durch eine Seelenbesetzung oder durch ein nach wie vor verschlossenes drittes Auge. Auch die sogenannten Chakren[2] können verschlossen oder

---

2   Was sind Chakren? Chakren sind feinstoffliche Energiewirbel in und außerhalb des Körpers. Sie sind organisch ebenso wenig wie die Seele vorhanden, aber dennoch in verschiedenen spirituellen Bereichen wie dem Yoga, Meditation, Tantra, Reiki und in Heilsystemen wie TCM, Ayurveda etc. seit Jahrtausenden zu finden. Selbst in ganz westlichenKörpertherapien wie Bioenergetik (bioenergetische Systemanalyse – BESA) und der Alexander-Technik tauchen sie immer wieder auf.

blockiert sein. Trotzdem empfehle ich diesen Partnern weiter zu verzeihen, der andere Partner wird sich irgendwann öffnen.

Wolfgang

Ich weiß Johannes, sobald du diese wichtigen Bereiche energetisch zum Fließen bringst, ist alles möglich.

Johannes

Danach startet man eine ganz neue, wunderbare Vertrauens- und Gesprächskultur mit seinem Partner. Das ist der Weg. Die Partnerschaft gewinnt und das in jeder Beziehung!

Wolfgang

Jetzt hätte ich da noch eine Frage, die mir gerade einfällt, Johannes. Wie ist es denn mit dem sogenannten „gesunden Egoismus?" Egoismus kommt ja aus dem Griechischen und bedeutet so viel wie „Selbstbezogen", auf mich bezogen sozusagen.

Wir wissen ja, wie negativ dieses Wort besetzt ist. Wenn uns jemand vorwirft „Du bist egoistisch", fühlen wir uns entweder angegriffen oder meistens auch schuldig. Doch gibt es auch einen positiv besetzten Egoismus, der unter dem Strich sogar nützlich sein kann. In der Kindheit heißt es da, dass das eine schlechte Verhaltensweise sei.

Johannes

Schau Wolfgang, gesunder Egoismus kann auch heißen, „nein" sagen zu können. Grundsätzlich sind Ängste der Grund dafür, dass viele Menschen ja sagen und dabei das Gegenteil meinen. Das macht schlechte Laune und staut auf Dauer Wut und Ärger auf, besonders, wenn derartige Situationen öfter vorkommen. Und das tut es, denn solche Menschen habe diese Verhaltensweise in sich. Irgendwann ist dann das Fass voll und es läuft über. Die momentane abrupte Ablehnung in einer akuten Situation bedeutet dann, für die angesprochene Person, in seiner Heftigkeit, vollkommenes Unverständnis.

Es ist daher besser durch gesunden Egoismus offen und ehrlich im richtigen Moment zu sagen was man denkt oder besser fühlt, als aus falsch verstandener Anpassung unter Zähneknirschen sich immer wieder etwas aufzwingen zu lassen. Bedenke auch Wolfgang, dass eine Bitte nur dann eine Bitte ist, wenn sie auch die Ablehnung akzeptiert. Alles andere würde ja einem Befehl gleichkommen!

Wolfgang

Ja so ist es Johannes, ich kenne das, denn es ging mir früher auch so.

Dabei handelt es sich in den meisten Fällen immer um eine tief verankerte Furcht. Wir opfern unsere Bedürfnisse, weil wir Angst haben vor einem Konflikt, vor Auseinandersetzungen, davor abgelehnt zu werden, für einen schlechten Menschen gehalten zu werden, ungeliebt zu werden, daran schuld zu sein, wenn es Anderen schlecht geht.

Jeder von uns kennt solche Situationen, Familie, Freunde oder auch Kollegen bitten uns um einen Gefallen, eine Arbeit zu übernehmen oder auch um eine helfende Hand und ein offenes Ohr. Oft ist es dann unpassend und trotzdem stimmen wir in den meisten Fällen zu. Diese Ängste entstehen schon in der Kindheit oder davor. Hier wird oft die Einstellung geprägt nur gemocht zu werden, wenn man sich wohl verhält und anpasst.

Nun aber zurück zu unseren ersten Aussagen, dem Verlust von Lebensenergie, Motivation und Antrieb, Johannes.

Ein Mensch startet mit hohen Zielen ins Leben. Voller Schaffenskraft und Tatendrang stößt er früher oder später auf Hindernisse die ohne Aufarbeitung im Unterbewusstsein verschwinden. Jedes dieser offenen, negativen Themen und Erlebnisse sind gleichzeitig etwas Unerledigtes.

Dies schleppt man wie einen Rucksack mit sich herum und sammelt laufend weiteren Müll an. Irgendwann ist der Rucksack so schwer, dass der Motor des Lebens zum Stillstand kommt. Dieser Mensch sieht zumindest vorübergehend seine hohen Ziele, Ideale, Wünsche und Träume durch die Finger rieseln.

Johannes

Da sprechen wir dann ganz einfach vom schlechten Gewissen, welches sich zu einem laufenden Energieräuber entwickelt. Der Energieraub wird immer größer, je größer der Berg wird. Und je größer der Berg wird, desto mehr drückt er. Hier sind wir wieder bei Ursache und Wirkung, Wolfgang.

Wolfgang

Jetzt möchte ich noch einige weitere Lösungsansätze mir dir ansprechen, Johannes. Dabei geht es mir darum, die Lösungen einmal von der Seite der Verhaltensänderung aufzuzeigen.

Wir sprachen ja bereits immer vom Thema der Verhaltensänderung. Ich möchte mit meinen Beispielen aber nur den Weg hin zur Seelenebene vereinfachen bzw. herunterbrechen. Ich bezeichne ihn immer wieder als den Weg der kleinen Schritte. Es ist wichtig zu verstehen, dass diese, die über Jahre oder Jahrzehnte indoktriniert und eingeheilt sind, auch eine bestimmte Zeit brauchen dürfen, um auszuheilen.

Wie unterstütze ich meine Seelenbeziehung, wie pflege ich das gesetzte Samenkorn? Was kann ich über mein Verhalten weiter verändern, um zu verhindern, dass der Rucksack zu schwer wird, wie verbessere ich dadurch die Stresstoleranz?

Wie erkennen wir die Belastungsfaktoren? Wie baut man Stress und Ängste ab, aber positive Lebensenergie auf?

Die wichtigsten Voraussetzungen habe ich ja bereits mit dir erörtert, Johannes. Nach all dem was wir bereits an Beispielen gehört haben, hätte ich das Wichtigste gerne zusammengefasst. Wo würdest du den für dich wichtigsten Hebel sehen?

19
Stress –
Angstabbau
1

Stress-Angstabbau 1

Johannes

Also Wolfgang, fassen wir die von mir angesprochenen Punkte noch einmal kurz zusammen.

Im Vordergrund steht auf jeden Fall die Wiederherstellung der Verbindung von Körper, Geist und Seele. Dazu ist es wichtig, das sogenannte dritte Auge zu öffnen. So schaffen wir wieder den Kontakt zu unserem Seelenleben, also zu unserer Gefühlswelt.

Der Mensch nutzt über die Kopfebene nur 5 % seiner geistigen Fähigkeiten, wenn ihm der Zugang zur Seele verwehrt ist. Sind Körper, Geist und Seele im Einklang, ist der Mensch in der Lage, bis zu 100 % seiner Fähigkeiten zu nutzen. Wir lernen somit wieder, uns über unser Gefühlsleben auszudrücken und Entscheidungen aus dem Bauch heraus zu treffen, also über unsere Seele, anstatt über die Kopfebene.

Ich denke, dass die in den vorangegangenen Kapiteln angeführten Möglichkeiten viel Handlungsspielraum geben, um sie über die Verhaltensänderung zu lösen.

Jedem Leser würde ich empfehlen, das Haus oder die Lebensumgebung von einem Spezialisten auf Wasseradern, Erdstrahlen oder schwarze Löcher usw. untersuchen zu lassen. Wie kann man gesund leben, wenn das Haus, die Wohnung oder der Lebensraum dementsprechend gestört sind?

Wichtig ist zu hinterfragen, ob sich meine Seele innerhalb meiner Körpermitte befindet. Schuld-Belastungen schwächen den Körper bis hin zu schweren Krankheiten. Bei Selbstschuld ist es ratsam mir selbst zu verzeihen, ansonsten zerbreche ich an meiner eigenen Schuld. Selbstverzeihen kann ich, indem ich verstehe, dass es mir zu diesem Zeitpunkt unmöglich war, es besser zu verstehen.

Was war, ist geschehen und es ist zu spät um es rückgängig zu machen. Nur durch verzeihen kann ich es aufarbeiten und zurückstellen.

Doch da sind wir ja mit careva optimal aufgestellt. Dass in weiterer Folge die Frage nach Traumata aus früheren Leben oder Situationen der Vergangenheit wichtig ist, haben ja viele der erörterten Beispiele gezeigt. Auch karmische Muster aus Familienleben sind zu hinterfragen, siehe das Beispiel von Karin und dem Bauernhof. Wenn diese Voraussetzungen geschaffen sind, dann ist es ganz wichtig, den Weg zur Seele geöffnet zu halten. Es ist wichtig, neue Belastungen zu vermeiden. Das ist die vielleicht größte Herausforderung. Du weißt ja, „wir ernten, was wir säen"! Damit es uns leichter fällt, „Gegenwärtig" und im „Hier und Jetzt" zu bleiben, dürfen wir hinterfragen, warum etwas so ist, wie es ist. Warum ist jemand so wie er ist. Wir sind Teil des Ganzen. Wir sind Teil von „Ursache und Wirkung". Alles geschieht, so wie wir es wollen und herbeiwünschen. Wenn wir in Verbindung zu unserer Seele stehen, dann geschieht alles so wie wir es brauchen oder es notwendig ist, bewusst oder unbewusst. Auch wenn wir es zu Beginn schwer verstehen. Daher ist es wichtig zu verzeihen. Wenn wir lernen zu verzeihen, bleibt der Zugang zu unserer Seele bestehen.

Denke bitte an die Erklärung zum Thema verzeihen. Warum ist es so wichtig zu verzeihen? Weil wir damit dem Konflikt, dem Stressor, die Energie nehmen. Wir nehmen dem Stressor die Energie, weil wir ja Teil dieses Stressors sind. Verzeihen ist der wichtigste Punkt nach den vorhergehenden Punkten.

Das Geheimnis der Seele

20
Stress –
Angstabbau
2

Stress-Angstabbau 2

Wolfgang

Nachdem wir mit Stress-Angstlösung 1 bereits den ersten und wichtigsten Schritt gegangen sind, kommen wir zu Stress-Angstlösung 2.

Dazu brauchen wir etwas Ruhe sowie einen Block und einen Stift. Man kann sich natürlich auch an den PC setzen. Wir empfehlen, frei und locker, ohne Zwang und Form zuerst alles niederzuschreiben, was zu erledigen ist, was aufgeschoben wurde oder was noch fertig zu machen oder zu erledigen ist. Alles aufschreiben, was man schon lange erledigen wollte oder wovon man weiß, dass es notwendig ist, es zu tun. Wenn auch nur ein einziges Thema überbleibt, von dem man weiß, dass es erledigt gehört, dann wurde das Ziel verfehlt. Das Ganze funktioniert nur, wenn alles erledigt wird. Verstehst du Johannes, wir schreiben diese Liste, als eine Art Inhaltsangabe unseres Rucksackes, also nur für uns alleine!

In weiterer Folge ist es wichtig, SOFORT mit der Erledigung bzw. dem Abarbeiten der Eintragungen zu beginnen. Egal welche Uhrzeit gerade angezeigt wird. Sofort mit dem bestmöglichen Zeitpunkt beginnen. Das Motto lautet richtig durchstarten und jede Ablenkung zu vermeiden.

Jene Themen, die an diesem Tag liegen bleiben, terminiert man im Kalender zum nächst möglichen Zeitpunkt. Wenn alles fertig ist, kann ich nur sagen, es fühlt sich großartig an, Johannes.

Man fühlt sich um Tonnen leichter und hat das Gefühl, tausende Watt an Lebensenergie zurückgewonnen zu haben. Ich erinnere mich dabei an die Geschichte von dir, Johannes, als du zum ersten Mal das Verzeihen angewendet hast.

Wichtig ist für mich auch, dass es dadurch immer einfach bleibt, seine Seelenverbindung aufrecht zur halten.

Lebensenergiestatistik

Ein einfaches Beispiel ist die sogenannte Lebensenergiestatistik.

Nehmen wir einmal an, dass wir die gesamte Lebensenergie und Aufmerksamkeit, die ein Mensch auf sich und seine Umwelt richten kann, auf einer Skala von 0 bis 1.000 bewerten können. Was meinst du Johannes, wie viel Lebensenergie und Aufmerksamkeit der heutige Durchschnittsmensch frei hat, um sie auf Aufgaben der Gegenwart zu richten?

Wenn du einen Menschen findest, der 1 % (1 Prozent!) frei hat, dann sprechen wir von einem Wunderkind oder einem Genie.

Es ist tatsächlich so, dass der Durchschnittsmensch bis zu seinem 18. Lebensjahr nur 2 – 3 % seiner Aufmerksamkeitseinheiten für Dinge des täglichen Lebens in der Gegenwart nutzt.

997 oder 998 Einheiten von 1.000 der Aufmerksamkeit und Lebensenergie des Menschen sind blockiert durch Probleme, Verstimmungen, gescheiterte Ziele und Träume, durch Dinge die sich der Wahrnehmung entziehen. Bei einem Durchschnitts-Vierziger sprechen wir von 1 bis 2 Einheiten der Skala und bei älteren Menschen gar nur mehr von einer halben Einheit.

Wenn ein Mensch das liest, lässt er sich nur allzu gerne zu einer Aussage hinreisen wie:

„Ja aber bei mir ist das ganz anders, vielleicht bei den Anderen."

Das sagt er solange, bis er diese Übung einmal durchgeführt hat und die Lebensenergie zurückkommt. Es ist erschütternd, dass wir nur kurz vor dem gesundheitlichen Zusammenbruch merken, dass die Lebensenergie nachlässt. Doch ab da wird es schwer für den Menschen, alleine und ohne ärztliche Hilfe zu regenerieren. Doch dazu hatten wir ja zuvor schon ein sehr gutes Beispiel. Das wahre Potential unseres Wissens liegt ja in der Seele, richtig?

Johannes

Ganz interessant dein Beispiel mit der Lebensenergiestatistik. Doch die gilt in erster Linie für unsere Kopfebene. Wie ich ja bereits erwähnt habe, nutzen wir auf der Kopfebene lediglich max. 7 % vom gesamten universellen Wissen. Dann ist der Speicher unserer Festplatte im Kopf voll. Das ist auch der Grund, warum so viele Menschen ins Burn-out gehen, depressiv oder seelisch krank werden.

Unser gesamtes universelles Wissen befindet sich in unserer Seele. Das Wissen von Millionen von Jahren. Es ist quasi unerschöpflich. Über den Zugang zur Seele sind wir in der Lage, dieses Wissen zu nutzen. Deshalb sind Entscheidungen über die Seelenebene die richtigen, denn unsere Seele kennt die richtige Antwort.

Wolfgang

Da fällt mir wieder eines meiner Lieblingsbeispiele ein, welches ich gerne erkläre:

Unsere Zellen können 70 % ihrer Leistungsfähigkeit abbauen und wir fühlen uns noch immer gesund, stark und leistungsfähig. Verliert die Zelle dann lediglich nur 0,1 %, dann fühlen wir uns krank und Symptome zeigen sich. Lediglich 0,1 Prozent entscheiden dann darüber, wie wir uns fühlen.

Wenn wir durch Regeneration und Harmonisierung wieder über die 30 % Marke klettern, z. B. auf 31 %, dann sind wir sofort der Meinung, alles ist ok, wir sind wieder zu 100 % gesund. Wir fühlen uns ja auch so. Doch leider trügt dieses Gefühl. Uns fehlen auf die 100 % noch etwa 69 %. Um die fehlenden 69 % an Energie aufzuholen, bedarf es jahrelanger und gegenwärtiger Achtsamkeit. Schon bei leichter Imbalance können wir wieder in den Zustand von Krankheit zurückfallen. Was in den meisten Fällen ja auch geschieht.

Aber wir spüren es extrem deutlich, wenn die Lebensenergie ansteigt oder zurückkommt. Ein Glücksgefühl durchströmt uns, wir spüren große Erleichterung und gewinnen ein hohes Maß an Gesundheit und Ausstrahlung zurück. Die Menschen haben wieder ungeahnte Kapazitäten frei um ihre Ziele, Wünsche und Träume in Angriff zu nehmen.

Das Geheimnis der Seele

21
Stress –
Angstabbau
3

Stress-Angstabbau 3

Wolfgang

Dieser Punkt wird schon etwas schwieriger, ist aber auch wirkungsvoller als Stress-Angstabbau 2. Bereits im Rahmen meiner Tätigkeit als Unternehmensberater konnte ich schon viele Unternehmer in ähnlichen Situationen erfolgreich begleiten.

Auf ihre Probleme angesprochenen, waren die meisten von ihnen felsenfest der Meinung, unerledigte Dinge seien terminiert. Unerledigtes sei in ihrem Unternehmen untragbar. Sie fühlten sich bei meiner Frage regelrecht brüskiert.

Doch lange Rede kurzer Sinn, bei genauerer Betrachtung stellte sich heraus, dass es doch umgekehrt war. Es war anfangs schwer für die Beteiligten zu verstehen, doch es kam wie erwartet. Als sich dann der Stapel an zu Erledigendem vor ihnen türmte, waren sie total überrascht. Sie glaubten es erst, als sie den Stapel vor sich sahen. Erst jetzt wurde ihnen bewusst, von welchem Stressauslöser ich sprach. Alle waren der Meinung, dass ihr tägliches Abarbeiten der zu erledigenden Aufträge das Stressvolle sei. Doch umgekehrt ist es der Fall. Alles was liegen bleibt, was aus bestimmten Gründen erst zu einem späteren Zeitpunkt zu erledigen ist, schafft die Belastungen. Irgendwann versiegen bestimmte Themen in den Schluchten unseres Unterbewusstseins in der Masse der zu erledigenden Dinge unseres emotionalen Rucksackes. So sammeln sich oft uralte, jahrelang zurückliegende Themen an. Trotzdem gelang es zumindest fast allen, den vor ihnen liegenden Stapel erfolgreich abzuarbeiten.

Führe dir das einmal vor Augen, all die Ursachen, die die Menschen stressbedingt erkranken lassen, all die Ursachen von vielen Symptomen und Krankheitserscheinungen, in weiterer

Folge von Stress bis hin zum Burn-out, all die Traurigkeit, Antriebslosigkeit, Verzweiflung, Ängste, Sorgen, können an nur einem Tag aus der Welt geschafft werden.

Es sind all die zu erledigenden Dinge, die sich im Unterbewusstsein der Menschen angesammelt haben, ihnen fast die gesamte Lebensenergie rauben und sie somit zu energie- und kraftlosen Wesen machen.

Die Erreichung aller gesteckten Ziele, nur blockiert durch den Müll in unserem Rucksack, in unserem Unterbewusstsein.

Was wäre es den Menschen wert, Johannes, all die Energie, die Visionen, Ziele, Wünsche und Träume aus der Jugend wieder zurückzuerlangen?

Johannes

Man kann es! In diesem Falle braucht man nur eine Vertrauensperson, eine/n Freund/in, der/die ihnen dabei behilflich ist um ihr Ego zu überlisten. Wenn das ein Weg zurück zur Seelenebene ist, dann soll es ebenso sein.

Das würde folgendes bedeuten, ich bestimme einen Freund, eine Freundin oder Vertrauensperson. Die Aufgabe meiner Vertrauensperson besteht darin, den jeweils obersten Zettel vom Stapel zu nehmen und mir mit der Frage weiterzugeben: „Was wirst du damit tun?"

Ich antworte z. B.: „Diesen Brief werde ich beantworten!"

Daraufhin die Vertrauensperson: „Gut, dann beantworte ihn."

Ich sage vielleicht: „Ok, das mache ich morgen."

Meine Vertrauensperson antwortet: „Mein/e liebe/r Freund(in), es ist besser, wenn du das bitte jetzt machst."

Ja, so lauten die Spielregeln und die Vertrauensperson sieht zu, wie ich diesen Brief schreibe. Immer freundlich, liebevoll und höflich. Ein Blatt nach dem anderen wird vom Stapel genommen und abgearbeitet. Wenn etwas Schwierigkeiten macht, es sofort zu erledigen, dann wird es so weit wie möglich erledigt und kommt dann in den Ordner „zu erledigen."

Wichtig ist das Prinzip zu verstehen! Eine Vertrauensperson stupst mich im richtigen Moment weiter. So kann ich immer im Hier und Jetzt gegenwärtig wahrnehmen, was was wahrzunehmen ist. Das überlistet mein Ego.

22
Stress –
Angstabbau
4

Stress-Angstabbau 4

Wolfgang

Wenn das Wahrnehmen eines Themas ein zu großer Schritt wird, sollte man sich darauf vorbereiten oder was meinst du, Johannes? Ich habe hier ein gutes Beispiel:

Beispiel von Tochter – Vater: Wenn beispielsweise auf dem Stapel ein Zettel liegt, auf dem steht, „Papa anrufen", dann könnte es schwierig werden, ihn nach 30 Jahren von einem Augenblick auf den anderen anzurufen. Ging man vor vielen Jahren im Streit auseinander, dann bereitet es ein flaues Gefühl, den Hörer zu nehmen und einfach anzurufen. Es dreht sich dabei der Magen um und es wird einem vielleicht schlecht. Für jemand anderen wäre es „die Erledigung der Steuer", für einen weiteren wiederum „den Chef um eine Lohnerhöhung zu ersuchen".

Wenn ein solch endgültiger Schritt zu groß ist, dann unterteilt man ihn in einzelne Schritte. Beim Vater – Tochter - Telefonat wäre das zum Beispiel, ein altes Foto herzunehmen, um es zu betrachten. So lange betrachten, bis das Gefühl kommt, man könnte völlig entspannt in einem Raum mit dem Vater sein. Das nächste könnte dann eventuell sein, einen Brief an den Vater zu schreiben. Wichtig, jetzt wieder dein Thema mit Verzeihen. Warum mache ich das? Sollte es unmöglich sein zu verzeihen, dann ist es notwendig darüber nachzudenken, was den Vater damals bewegt haben könnte, seine Vorgangsweise und seine Handlungen zu verstehen. Es geht letztendlich darum, seinem gegenüber, dem Belastungsfaktor, zu verzeihen. Mit dem Verzeihen beginnt alles neu. Das ist der Deal.

Johannes

Ich weiß, dass es für Sie in so einem Falle sehr schwer ist zu verzeihen. Hinterfragen wir noch einmal das Thema verzeihen.

Die wichtigste Frage ist, „besteht die Verbindung zu Ihrer Seele?"
Sind Körper, Geist und Seele im Einklang? Versuchen Sie zu
verstehen, warum Sie eigentlich im Streit auseinander gingen?
Kann es sein, dass Ihr Ego in dieser Sache das Kommando
übernommen hat? Warum war diese Situation mit Ihrem Vater
für Sie so verletzend? Welche alten Muster, welche Traumata
kamen für Sie zum Vorschein. Natürlich ist die Erinnerung an
die Ursache unmöglich. Außerdem können manche Traumata
auch aus einem vergangenen Leben stammen. Aber bestimmt
handelt es sich um eine alte Seelenverletzung. Hier stellt sich
wieder die Frage nach Ursache und Wirkung. Wir selbst sind
Teil dieser Belastung. Jetzt verstehst du auch, warum es wichtig
wird, Körper, Geist und Seele wieder in Einklang zu bringen.

Wolfgang

Wenn es also schwerfällt, die Details zu verstehen oder
wahrzunehmen was im Hier und Jetzt ist, also letztlich
dem Gegenüber zu verzeihen („... na er müsste ja auch mir
verzeihen"), dann macht es Sinn, es aufzuschreiben, oder
Johannes?

So nach dem Motto, dass man sich mal wieder bei ihm melden
oder sich gar mit ihm treffen wolle.

Ebenso die Geschichte mit der Lohnerhöhung und dem
Gespräch mit dem Chef. Es fällt schwer, sich diese Frage
vorzustellen. Doch, wie schaffe ich es, meinen Chef um eine
Lohnerhöhung zu fragen? Es gibt immer kleine Schritte, um
wahrgenommen zu werden. Zum Beispiel mit dem Partner
das mögliche Gespräch üben. Und zwar so lange, bis man
sich vorstellt, völlig entspannt dem Chef gegenüber treten zu
können.

Ähnlich bei der Steuererklärung. Welchen Teil der
Steuererklärung kann man gerade noch wahrnehmen?
Das Formular betrachten und versuchen sie in Ruhe und

konzentriert zu lesen. Versuchen zu verstehen, warum dieses Formular bei mir derartige Blockaden hervorruft. Irgendwann stellt man fest, dass es ganz einfach ist, mit dem Formular umzugehen und mit ihm im Raum zu sein. Es ist wichtig, die großen Schritte runter zu brechen und zu überlegen, wie man einen kleinen Schritt nach dem anderen zum Endziel gehen könnte.

Überlegen Sie, ob es Ihnen möglich ist, einen Teil von Johannes Geschichte mit dem Verzeihen seines ehemals besten Freundes Peter zu integrieren? Ist da etwas dabei, das Ihnen weiterhelfen könnte?

Johannes

Wenn einen solche Themen blockieren, stellt man sich die Frage: Wer kann mir zu diesem Thema weiterhelfen? Wo gibt es seriöse Therapeuten, Spezialisten in meinem Umfeld, die mich unterstützen, den Zugang zu meiner Seele wiederherzustellen?

Das Geheimnis der Seele

23
Stress –
Angstabbau
5

Stress-Angstabbau 5

Wolfgang

Manchmal stellt man fest, dass die Ursache einer blockierten Wahrnehmung nur ein einziges Wort ausmacht. Beispiel Steuererklärungsformular. Wenn man so eine Stunde auf das unausgefüllte Formular schaut und die Details hinterfragt, stellt man vielleicht fest, dass man das eine oder andere Wort vielleicht falsch verstanden hat, welches auf dem Formular steht. Warum hat man es falsch verstanden?

Johannes

Wie bereits mehrmals erwähnt, Wolfgang, weil unsere Kopfebene ja nur maximal 7 % unseres allumfassenden universellen Wissens ausmacht. Unser gesamtes 100 prozentiges Wissen befindet sich eben nur in der Seele.

Wolfgang

Erkennt man das, ist man automatisch um einen Schritt weiter. Vielleicht findet man die Details zu diesem Wort ja im Internet oder der Steuerberater kann da mehr Licht in die offenen Fragen bringen und die missverstandenen Worte aufklären?

Vielleicht haben diese Worte nur ergänzende Funktion und können danach in einem anderen Kontext betrachtet werden.

Vielleicht stellt sich heraus, dass nur Sie diese Worte in Zusammenhang mit ihrer Steuererklärung so sehen, jedoch aber ganz andere Bereich für die Steuererklärung relevant sind.

Johannes

Und es geht immer wieder um die Wahrnehmung. Warum belastet mich diese Erledigung? Was war die Ursache, von der ich jetzt die Wirkung erfahre? Wir wissen ja schon:" Wir ernten, was wir säen". Was habe ich vor langer Zeit gesät, dass ich jetzt ernten darf? Wir wissen ja jetzt, alles im Leben hat eine Ursache und Wirkung. Alles im Leben hat seinen Sinn. Wir erfahren es so lange, bis wir daraus die richtigen Lehren gezogen haben.

Wolfgang

Das falsche Verständnis für eine klare Sache könnte sich als ein großes Hindernis, eine große Hürde auftun. Fehlendes Verständnis steht am Anfang der Stresskette. Wenn der Zugang zum Verständnis fehlt, dann fehlt auch die Wahrnehmung oder man nimmt nur weniger oder schlechter wahr. Die Folge, zu Erledigendes bleibt liegen.

Hier ein interessantes Beispiel von der Exxon Valdez: Als die Exxon Valdez 1989 vor der Küste in Alaska rund 37 000 Tonnen Rohöl verlor, war das zum damaligen Zeitpunkt die größte Umweltkatastrophe der Erde. Jahrelang machte dieses Ereignis Schlagzeilen in den Medien und der Zeitung. Als am 20.04.2010 die Bohrinsel „Deep Water Horizon" explodierte und monatelang alle drei bis vier Tage so viel Öl ins Meer floss wie bei der Exxon Katastrophe, waren die Massenmedien unbeschreiblich still und das bis heute.

Was war der Grund dafür? Ganz einfach, das Ausmaß der Katastrophe war für die meisten Medien außerhalb dessen, was ein Mensch sich vorstellen kann. Diese Katastrophe überstieg alles Wahrnehmbare und bleibt es bis heute.

Kann man sich so eine Katastrophe bildlich vorstellen? Dazu wäre es notwendig vor Ort gewesen zu sein und sie erlebt zu haben, oder?

Wie du ja weißt, Johannes, habe ich einen Teil meines Lebens Leistungssport betrieben. Warum ist Gewichtheben ein Sport, der nur wenig Menschen begeistert, der geringe Einschaltquoten in den Medien bringt? Weil sich die wenigsten Menschen vorstellen können, was es bedeutet 200 kg zur Hochstrecke zu bringen. Die Wahrnehmung zu dieser Ausführung ist völlig getrübt. Der Wettkampf zum sogenannten „strong men", dem stärksten Mann der Welt, rief dagegen große Begeisterung hervor. Warum war das so? Weil die Athleten monströse LKWs ziehen, PKWs umwerfen, Baumstämme weit werfen usw. Jeder kann sich vorstellen, dass es tatsächlich schwer ist, denn wer hat schon einmal versucht einen LKW zu ziehen oder einen PKW umzuwerfen. Diese Vorstellung erscheint den meisten Menschen als sehr schwer. Das können sie sich vorstellen und realisieren.

Das bedeutet, die Lösung für das Wahrnehmen und somit der Abbau oder das Vermeiden von Stress liegt immer in einer abgestuften Skala.

Nehmen wir als Beispiel die Katastrophe auf Haiti und die darauffolgende menschliche Katastrophe her. Viele tausende Kinder starben, werden vermisst, wurden verletzt oder es geht ihnen schlecht. Ihnen fehlt das Dach über dem Kopf, die Wärme, das Essen, sogar eine zumindest notdürftige ärztliche Versorgung. Es ist tragisch, erschütternd und trotzdem trifft uns ein Kindesmissbrauch im eigenen Ort viel mehr. So sehr sogar, dass wir heulen könnten.

Das Ereignis in Haiti ist auf Grund seines Ausmaßes und seiner geographischen Distanz zu groß, als dass es vorstellbar wäre. Es übersteigt unser Vorstellungsvermögen. Es ist zu groß und einfach zu weit weg.

24
Zusammenfassung
der Lösungen

Fassen wir noch einmal den Weg der kleinen Schritte von der Problemwahrnehmung bis hin zur Lösung in einem anderen Kontext zusammen.

Wolfgang

Alles, was wir bis jetzt zu diesem Thema gesprochen haben, ist der Sache dienlich und hilfreich. Doch hier habe ich noch einige Beispiele, zum einfacheren Umgang mit Unerledigtem. Ich kenne das aus meiner Praxis, denn wenn man so viele verschiedene Themen jeden Tag abzuarbeiten hat, bleibt vieles bis zu einem bestimmten Zeitpunkt unerledigt.

Beispiel: Ich bin im Büro an einem Berg von Arbeit stecken geblieben. Ich arbeite wie so oft von früh bis spät abends und bin natürlich dann am Abend völlig erschöpft. Und trotzdem, ich hatte früher oft das Gefühl, die Arbeit bleibt immer die gleiche. Kommt dir das bekannt vor, Johannes? Man beginnt bestimmte Dinge, realisiert aber, dass die Erledigung aus bestimmten Gründen erst zu einem späteren Zeitpunkt erledigt werden kann.

Jedes Thema, welches ich dann öfter als einmal in die Hand nehme, bedeutet für mich den doppelten und oft mehrfachen Aufwand, um es fertig zu stellen. Man hat zwar eine gute Zeitplanung, sogar eine Prioritätenliste, doch diese wird immer länger und im Kalender ist einfach kaum Luft mehr. Die abgelegten und unfertigen Themen verschieben sich immer weiter nach hinten! Doch das Schlimmste ist, das alles im Kopf zu behalten, man wird immer fahriger und unkonzentrierter.

Eine gute Zeitplanung ist für jeden Menschen wichtig, bei dem Stress durch Chaos entsteht. Egal ob im Büro oder privat. Aber was nützt mir die beste Zeitplanung, wenn Eingetragenes und Terminiertes nur halb eingehalten werden. Auch bei der Terminierung gibt es einen Energiefluss zwischen mindestens zwei Menschen, also zwischen mindestens zwei Polen. Wenn einer dabei fehlt, war die Terminierung umsonst, der Energiefluss wurde unterbrochen.

Der zweite wichtige Punkt ist die sogenannte Prioritätenliste. Sie reiht das zu Erledigende nach Wichtigkeit. Wenn also eine Aufgabe ganz oben auf der Prioritätenliste steht, so ist es selbstverständlich, dass ich sie nur abarbeiten kann, wenn ich alle notwendigen Details zur Erfüllung der Aufgabe kenne. Zur Erledigung der Prioritäten ist es wichtig, alle notwendigen Details zu organisieren. Im Einzelfall sorgt die höhere Priorität dafür, alle notwendigen Details zu organisieren. Doch ich kenne das, auch das kann sich unangenehm hochschaukeln.

Die Lösung: Ganz einfach, die Aufgaben immer abschließen. Das betrifft das Büro, ebenso das Zuhause, Fensterputzen, Gartenarbeiten, Essen kochen, u. v. m.

Mein Nachbar, immer im Stress und erst letztens befürchtete er, dass seine Arbeiten im Haus und Garten liegen bleiben. Ich erklärte ihm, dass zur Verhinderung des Gefühls eines „sich ausgebrannt fühlen" Schritt für Schritt vorzugehen ist, um die Probleme wahrzunehmen.

Immer wieder kommt es vor, dass Menschen mit Übergewicht zu uns kommen und um Rat fragen. Sie möchten abnehmen, doch die Wahrnehmung der tatsächlichen Ursachen zu ihrem Gewichtsproblem fehlt ihnen. Warum nehmen Menschen, die eigentlich schlank sein möchten, an Gewicht zu? Warum werden sie übergewichtig?

Essen hat oft auch etwas mit einer Ersatzhandlung zu tun. Andererseits fällt es ihnen schwer, ihre Blockaden wahrzunehmen, die Hürden die ihnen im Wege stehen zu erkennen. Sie haben eben, wie du Johannes es beschreibst, den Weg zu ihrer Seele verloren. Sie leben statt im „Hier und Jetzt", wieder zu sehr in ihrer Vergangenheit mit immer wiederkehrenden alten Gedankenmustern aus dem Unterbewusstsein.

Zum Wahrnehmen gehört unter Umständen auch die richtige Zeiteinteilung, in jedem Falle aber Disziplin und der Wille zur Veränderung.

Jedes Problem richtig wahrzunehmen und ihm die richtige Bedeutung zukommen zu lassen. Da gibt es Ausreden wie: „Ja, aber der Chef/die Vorgesetzte, lässt mich hängen!" oder: „Ich kann erst weitermachen, wenn ..."

Wenn man die Arbeit auf andere abschiebt, dann kommt es immer wieder doppelt zurück (delegieren ist etwas anderes).

Manchmal reicht es, eine Sache nur lange genug anzusehen, um sie wahrzunehmen (Schweinekopf in der Höhle). Ein anderes Mal verschwindet ein Problem alleine schon dadurch, dass man es in Angriff nimmt.

Oft reicht es aus, mit einem Menschen zu reden, um sich dann zu fragen: Wo war gleich das Problem? (z. B. zu einem lang zerstrittenen Familienmitglied, zu dem lange der Kontakt gemieden wurde)

Auf Wörter und Begriffe achten, immer anstandslos alles aufklären was wichtig erscheint. Wörter können verletzen, ja sogar töten. Wie hast du das zuvor schon so gut formuliert, Johannes?

Johannes

Deine Gedanken werden deine Worte, deine Worte werden deine Taten, deine Taten werden dein Leben dementsprechend gestalten.

Wolfgang

Es ist ja so, dass Stress- und Angstabbau oder Stressvermeidung einerseits die Lösung gesundheitlicher Probleme darstellt und andererseits im Allgemeinen zur Verbesserung der Kommunikation beiträgt.

Damit meine ich natürlich die persönliche Kommunikation von Angesicht zu Angesicht. Denn wenn die Menschen sich im Hier und Jetzt verstehen, dann bleiben Verfehlungen in der Vergangenheit. Wenn jeder die Dinge und Mitmenschen so wahrnimmt wie sie sind, wenn der eine genügend Interesse am anderen hat, um für ihn da zu sein, wenn jeder zu jedem alles sagen, reden kann und ohne Furcht selbst eine Lösung ausarbeiten darf, wenn Menschen die Verantwortung für ihr eigenes Handeln übernehmen, dann werden wir regelrecht stressfrei leben.

Das Geheimnis der Seele

25

Verhaltensänderung

ganzheitlich

betrachtet

Wolfgang

Wir haben bisher immer von Verhaltensänderung auf mentaler Ebene gesprochen, Johannes.

Ebenso wichtig jedoch ist die richtige Balance von Bewegung und Regeneration für den Körper. Ich spreche vom Gleichgewicht zwischen Anspannung (Aktivität) und Entspannung. Nur im Ganzheitlichen betrachtet und angewandt kann Stress nachhaltig vermieden bzw. abgebaut werden.

Johannes

Ja das ist wichtig, Wolfgang, denn unsere Seele wohnt ja in unserem Körper. Unseren Körper betrachte ich immer als Haus, das unserer Seele als Lebensraum dient. Nur in einem gesunden Körper wohnt eine gesunde Seele.

Wir unterscheiden ja wie besprochen unter:

Seele, Körper und Geist (Psyche)

- die Seele (Gefühlsebene)
- der Körper, der es austrägt
- der Geist, also das was wir uns einreden, unsere Gedanken, unser Ego (Psyche)

Seele:

Die Verbindung zur Gefühlswelt (Gefühlsregungen). In den meisten Fällen fehlt diese.

Allgemein:

Unser Körper ist das Haus, in dem wir (unsere Seele) wohnen dürfen. Geht's dem Körper schlecht, dann weint die Seele. Geht's der Seele schlecht, dann geht's dem Körper schlecht. Unser Körper ist seit Menschengedenken auf Bewegung programmiert. Damit meine ich die körperliche ebenso wie die geistige Bewegung. Damit meine ich auch unseren Antrieb, unsere Ziele und Visionen.

Wolfgang

Aber das ist so eine Sache mit der Bewegung. Wie oft meint der Körper: „Komm, unternimm etwas, bewege mich!" Das schelmische Ego ist dann aber doch eher für das Liegenbleiben auf der Couch. Mit anderen Worten unser Ego (Geist), unser innerer Schweinehund hat dann doch die Oberhand behalten.

Johannes

Unser Körper ist das Spiegelbild der Seele! Haben die Menschen ihren Zugang zu ihrer Seele verloren und sind mit ihrer Seele in Imbalance, dann ist die Seele dem Gemütszustand des Egos (Geistes) ausgeliefert!

Treibt das Ego mit uns seine Spielchen, so hat die Psyche darunter zu leiden und der Körper hat es austragen > Stress.

Wolfgang

Was aber jetzt doch wichtig ist, Johannes, ist Bewegung. Sie stellt einen weiteren wichtigen Anti-Stressfaktor dar. Neben den bereits beschriebenen Lösungen, ist die körperliche Bewegung ein ganz wichtiger Lösungsansatz. Besonders empfehlenswert sind sogenannte Premium Fitnessstudios. Dort erhält man optimale Betreuung und kann ganz nach seinen persönlichen Anforderungen trainieren.

Es wird ja sehr oft vergessen, dass alles mit allem verbunden ist. Wir sprachen ja bereits darüber. So stellt es sich auch in unserem Körper dar. Organe sind mit Muskeln verbunden, Gelenke werden von Muskeln bewegt. Ernähren wir uns schlecht, kann das Auswirkungen auf unseren Bewegungsapparat, aber auch auf unsere Organe haben. Haben wir chronischen Stress, kann sich das auf unsere Muskulatur und auf unsere Organe auswirken. Wusstest du Johannes, dass die häufigsten Belastungen von Stress in der Muskulatur zu suchen sind? Die Frage nach Medikamente erübrigt sich, wenn wir uns mehr gezielt bewegen würden.

Johannes

Du bist ja staatlich geprüfter Trainer Wolfgang. Wie sieht es denn mit Bewegung in der freien Natur aus?

Wolfgang

Frische Luft oder Bewegung im Freien ist besonders wichtig. Doch das setzt sehr oft voraus, dass man fit ist. Und die richtige Fitness bekommst du einfach nur im Fach-Fitnessstudio. Ich erwähne das auch deshalb, da das moderne Premium Fitnessstudio die zukünftige Gesundheitsinstitution darstellt. Dort kann der Klient eine ganzheitliche Betreuung erwarten, die er ansonsten nirgendwo in der Form erhält. Jedes Fitnessstudio das mit careva zusammenarbeitet, ist durch die Bezeichnung Pantheon Fitness gekennzeichnet.

Außerdem kann der Körper durch richtige regenerative Bewegung wiederum dem Ego ein Schnippchen schlagen und der Seele Gutes tun (siehe medizinische Auswirkungen von Stress).

Zwar wird es immer wieder gesundheitliche Probleme geben, die über die Bewegung unmöglich zu lösen sind, doch aber zumindest einen großen Teil zur Lösung beitragen können.

Das bringt uns sozusagen zum nächsten Thema, was unserem Körper guttut. Zum besseren Verständnis beginnen wir zuerst mit dem Körper.

Der Körper

- Bewegung
- Regeneration
- Entspannung

Bewegung: Mobilisieren und Kräftigen, Herz-Kreislauftraining

Regeneration: Schlafen, Massage, TTM (unterstützt und beschleunigt die organische Regeneration), Magnetfeldtherapie, Wärme, Licht

Entspannung: fördert die Regeneration > aktiv z. B. Jacobson, passiv: Wellness, Sauna, Dampfbad, Whirlpool, Sonnenbaden, Urlaub, sich fallen lassen, faul sein dürfen.

Johannes

der Geist (Ego - Psyche)

- allgemein sprachlich - kognitiv
- verstehen und lernen
- erinnern und vorstellen

Der Geist ist unsere wichtigste Instanz im Körper und vielleicht gerade deshalb die am wenigsten Fassbare und somit auch schwierigste. Der Geist speichert all jene Ereignisse, die wir auch tatsächlich wahrnehmen. Im Unterbewusstsein, ohne dass wir es wirklich wollen oder ohne dass es uns wissentlich bewusst wird (wenn überhaupt).

Ohne unseren Geist wären wir unfähig zu lernen. Wie sollten wir uns ohne unseren Geist an Wahrnehmungen oder Erlerntes erinnern?

Unser Geist schafft Visionen, Wünsche und wunderbare Träume. Der Geist fördert unsere Kreativität und unser Vorstellungsvermögen.

Daher auch die Aussage: „Die positive Kraft des Geistes".

Wir können in unserem Leben sehr viel durch die positive Kraft des Geistes bewegen und erreichen. Doch so wie es ins Positive, kann es auch ins Negative umschlagen und unsere Seele bzw. in weiterer Folge unseren Körper belasten.

Die Seele (Gefühlsebene)

- Innen- oder Seelenleben
- Selbst- oder Eigenwahrnehmung

Die Seele gehört zu unserem Körper und ist fester Bestandteil unseres Körpers. Leider haben viele Menschen den Bezug zu ihrer Seele verloren. Die Seele steht einerseits für unsere Gefühlsebene und andererseits für die Selbstwahrnehmung.

Ein gutes Beispiel für unser Innenleben oder Seelenleben ist es, sich zu verlieben. Dieses großartige Gefühl, wenn man sich verliebt, sozusagen tatsächlich Zuneigung verspürt und sich zu einer Person hingezogen fühlt, dann fliegt die Seele. Das berauschende Glücksgefühl, wenn die Liebe auch noch erwidert wird, ist sagenhaft, unbeschreiblich schön.

In diesem Zustand entwickelt man eine schier unglaubliche Kraft und Energie. Wir kommen ohne Schlaf aus, können nächtelang durchmachen und alles erreichen. Dieser Zustand ist der Beste für unseren Körper. Liebe ist auch das Wort mit der stärksten Kraft.

Wenn wir alles und jeden auf der Erde lieben könnten, wie schön wäre das Leben und wie stresslos?

Doch trotz all dieser Schönheit wird dieses wunderbare Glücksgefühl immer wieder getrübt.

Ganz einfach, sobald der Geist die Oberhand über unsere Gefühlsebene gewinnt, kann die Seele schon ziemlich zu taumeln beginnen. Dann nämlich, wenn wir von der Person die wir lieben, enttäuscht werden oder glauben (Vorstellung, Bilder aus der Vergangenheit) enttäuscht zu werden. Wenn unsere Erwartungen (woher kommen Erwartungen, unerfüllte Ziele aus der Vergangenheit) wieder unerfüllt werden, wenn wir Angst bekommen (Was macht sie/er gerade?

Wann kommt sie/er? Warum macht sie/er das...), dann weint unsere Seele.

Stellen Sie sich vor, diese Sorgen wären grundlos, alle diese Vorstellungen selbst an den Haaren herbeigezogen, alles nur Einbildung aus Angst betrogen oder hintergangen zu werden? Wir werden eifersüchtig, wir misstrauen uns.

Durch unseren Geist beginnen wir zu bewerten, spezielle Äußerlichkeiten, denn sie sind das Spiegelbild unserer Selbst- oder Eigenwahrnehmung.

Die Verhaltensänderung wird grundsätzlich durch zwei zusammenhängende Faktoren beeinflusst

• Bewusstsein oder Kognition
• Emotion

Bewusstsein oder Kognition bedeutet „das umfassende Denken".

Es können beim Menschen aber unbewusste Prozesse ablaufen, die dennoch kognitiv sind > z. B. das unbewusste Lernen.

Emotion bedeutet Gefühlsleben und Affektsteuerung bzw. Verarbeitung der Affekt-steuerung.

Das Geheimnis der Seele

26

Gedankenhilfe zur

Verhaltensänderung

Wir freuen uns, wenn Ihnen unser Buch einige Möglichkeiten oder Schritte zu mehr Stress-Angstfreiheit gebracht hat. Vielleicht konnten Sie Ansätze erkennen, über die Sie sich eine Verbesserung Ihrer eigenen Situation vorstellen können.

Uns ist aber auch bewusst, dass dieses Buch wiederum nur ein Schritt am Weg zur Stress-Angstfreiheit bedeutet.

Es ist ein permanentes Arbeiten an sich selbst. Doch das damit zu erlangende Glücksgefühl bzw. die Lebensbalance ist es in jedem Falle Wert und rechtfertigt ihr Engagement.

Zum Abschluss geben wir Ihnen noch gerne folgende Gedankenhilfen mit:

Fragen:
1) Entscheidung: Will ich das?
2) Bereitschaft: Zur Änderung gewisser
                     Lebensgewohnheiten, Verhaltensmuster
3) Ausdauer: Zur Selbsterkenntnis, wie erreiche ich
                     meine Ziele?

- kurzfristig
- etappenweise

Was erhalte ich dafür, Bilanz oder Rückblick, Planung - Dokumentation (Tagebuch)

Was ist mir wichtig:	Liste erstellen
Worauf kann ich verzichten:	an sogenannter Lebensqualität (oder was ich aktuell unter Lebensqualität verstehe)
Umfeld:	Familie, Freunde, Arbeitsplatz, Kollegen
Sind sie:	hemmend
	unterstützend
	hindernd
Wichtig wieder:	die Beeinflussbarkeit, Möglichkeiten

Das Geheimnis der Seele

27
Nachsatz

Hier einige sehr spirituelle Sätze zur Unterstützung. Es soll auch die Frage beantworten, ob unser / dein Leben eine Konsequenz reinen Zufalls ist.

Kennst Du die vier indischen Gesetze der Spiritualität?

Das 1. Gesetz sagt:

„Die Person, die dir begegnet, ist die Richtige".

Das heißt, niemand tritt rein zufällig in unser Leben. Alle Menschen, die uns umgeben, die sich mit uns austauschen, stehen für etwas. Entweder um uns zu lehren oder uns in unserer Situation voranzubringen. Probleme werden an uns herangetragen, um aus ihnen lernen zu dürfen.

Das 2. Gesetz sagt:

„Das was passiert, ist das Einzige was passieren konnte".

Nichts, absolut nichts von dem, was uns geschieht, hätte anders sein können, auch das unbedeutendste Detail. „Wenn ich das anders gemacht hätte ..., dann wäre es anders gekommen". Was passiert ist, ist das Einzige, das passieren konnte, damit wir unsere Lektionen lernen, um vorwärts zu kommen. Alle, also jede einzelne Situation, die uns im Leben widerfährt, ist absolut perfekt, auch wenn unser Verstand, unser Ego, es anders regeln würde.

Das 3. Gesetz sagt:

„Jeder Moment, in dem etwas beginnt, ist der richtige Moment".

Alles beginnt genau im richtigen Moment. Wenn wir dafür bereit sind, dass etwas Neues in unserem Leben geschieht, ist es bereits da, um zu beginnen.

Das 4. Gesetz sagt:

„Was zu Ende ist, ist zu Ende".

So einfach ist es. Wenn etwas in unserem Leben endet, dient es unserer Entwicklung. Deshalb ist es besser loszulassen und vorwärts zu gehen, beschenkt mit den neu gemachten Erfahrungen.

Wolfgang

Ich glaube, lieber Leser, dass es Bestimmung ist, dass Du das hier jetzt liest. Wenn dieser Text Dir heute begegnet, dann deshalb, weil Du die Voraussetzungen erfüllst und verstehst, dass jeder einzelne Regentropfen, irgendwo auf dieser Welt, immer auf den richtigen Ort fällt.

Egal wie du über diese vier Gesetze denkst, sie haben ihre universelle Gültigkeit und gelten für jeden von uns. Es ist sinnlos, sich über negative Ereignisse – so schlimm sie auch sein mögen – ewig zu ärgern oder darüber zu grübeln.

Sie passierten, damit wir positive Schlüsse daraus ziehen können. Wenn Deine Beziehung in die Brüche geht oder Du Deinen Job verloren hast, ist das so geschehen, damit Du Dich weiterentwickeln konntest.

Und wenn dir eine bestimmte Person begegnet, ist es genau die Richtige, die Dir in diesem Moment begegnen durfte. Bedenke, wir sind alle ein Teil vom großen Ganzen und alles passiert nach einer Vorhersehung!

Mach Dir diese vier Gesetze zunutze und siehe hinter jedem Ereignis das Gute – alles was Dir widerfährt hat einen bestimmten Grund! Siehe das Ereignis als Chance. Viele Menschen übersehen diese Chance, weil es im jeweiligen Augenblick für sie einfacher ist als die Verantwortung für die Situation zu übernehmen. Die Frage nach dem „Warum passiert das gerade mir?" ist wenig hilfreich. Wenn Du unzufrieden bist, werde Dir bewusst, dass Du es in Deiner eigenen Hand hast, Dein Leben nach Deinen eigenen Wünschen zu gestalten. Nur wenn Du selbst, für alles die Verantwortung übernimmst, wird sich Dein Leben in die Richtung verändern, die Du beabsichtigst. Ändere Deine Reaktion auf die Ereignisse, bis sich Dein gewünschter Zustand einstellt. Und wenn du Dich jetzt entscheidest positiv zu handeln und das Wort Schuld aus Deinem Vokabular verbannst, ist es laut dem 3. Gesetz der beste Zeitpunkt, es JETZT zu tun!

Lass es Dir gut gehen, Liebe mit deinem ganzen Sein!

Sei glücklich ohne Ende, denn jeder Tag ist ein Geschenk!

Das Geheimnis der Seele

www.ingramcontent.com/pod-product-compliance
Lightning Source LLC
LaVergne TN
LVHW011326080426
835513LV00006B/213